小説 大正十三年

きのえ　ね

◆目　次◆

本書は、阪神甲子園球場が竣工するまでの物語を、
一部事実に基づいて著したフィクションです。

始まり

　御厨翔太《みくりやしょうた》は、曽祖父御厨悦治《えつじ》の父である御厨基綱《もとつな》が大英断を下して建設した「阪神甲子園球場」の正面に立っていた。

　翔太は、大学で建築歴史学を専攻し、今年から卒業論文の資料集めに全国の歴史的建造物の視察に各地を訪問していた。今日は曽祖父御厨悦治の著書、小説『甲子の曙』をリュックサックに入れて甲子園にやって来た。

　翔太の曽祖父御厨悦治は、甲子園球場建設を発案し建設を指示した御厨基綱の三男で、父基綱の業績を小説にしたため、昭和五十八年（一九八三）八月一日に発刊した。

　しかし、刊行後書店に並べられたもののそれほど注目されることはなかった。現にこの本は甲子園球場歴史館、阪神電鉄本社の総務部にも蔵書されていない。

　昭和五十八年の歳は、阪神タイガースが観客動員を図るため、全国の中学校と高等学校に地道にセールスを行い、阪神タイガースもそこそこの成績を残し、観客も営業部の努力もあってシーズン終了時には観客動員数が一〇〇万人を達成していた。

この時点で、『甲子の曙』もマスコミに取り上げられそうだが、結果的には話題にはならなかった。その理由は分からない。

翔太は、この小説の人気のなさに興味があった。そしてこの小説を読破した後、歴史的建造物の研究にも時間を費やした。そして最終的には、小説に書かれている内容を分析し、阪神甲子園球場建設にまつわる物語が「歴史的に価値」が有るのか、をテーマにして、卒業論文を書く予定であった。

今日、令和四年（二〇二二）、八月六日午前九時〇〇分、翔太は球場正面から入場するとバックネット裏の最上段を目指してスタンドの階段を登りはじめた。そして最上段に辿り着くと振り返って球場全体を見廻した。スタンドは七割ほどの観客を収容していたが、満席の状態にも見えた。

阪神甲子園球場は未明からの雨が上がり、嘘のように天気は回復した。しかし、グラウンドでは雨除けシートの片付け作業を行うため、開会式は三十分遅れるとアナウンスがあった。

「全国高等学校野球選手権大会」は、全国で開催される野球大会では最大級のもので、一〇〇年以上の長きにわたって続けられてきた。会場の甲子園球場は、この野球大会をきっかけにして建設されたと、翔太は『甲子の曙』で知った。

翔太は、何故、阪神甲子園球場が建設されたのか、何故聖地なのかを含め、一〇〇年前にどのような事実が働いてこのマンモス球場が建設されたのか、興味が尽きない。

内野最上段の席に腰を下ろして、周囲を見てみると、誰もがほほ笑みながら開会式を待っていた。

東の空には、真夏の太陽が顔を現して激しい陽光を球場全体に浴びせている。ナイター灯も、表面にその光を受けて反射光を周囲に拡散していた。

しかし、内外野のスタンドでは太陽光に逆らうかのように真っ白な光景が輝いていた。内外野席の観客の多くは、この厳しい光線を夏物の白いウエアを身に着け、強く反抗しているようだった。

ただ、一・三塁アルプススタンドの二か所だけはカラフルな異なった色が目に鮮やかに映った。ここは各出場校の応援団が陣取り、母校の名を背負って闘う選手たちを力一杯声援する場所であった。そこでは、ブラスバンドとチアリーダーを中心にして、音合わせや、一人一人が振り付け手順を確認している。

いざ、最大のセレモニーが始まる直前、アルプスの応援席には、夏の暑さとは異なる熱気があふれ、応援席から視線を移すと、外野の九千平方メートルの芝生が雨にあたりグリーン色の光沢を放っている。表面は丁寧に刈られ芝生の純目、逆目を上手く利用して幾何学模様を表現している。緑の絨毯とはよく言ったものである。

次に内野のグラウンドに目をやると、全体が雨による湿気のため黒光りし重厚な趣を主張している。さらに、特徴的なのはグラウンド全体から醸し出されている陽炎が漂うような空気感は、何ら犯しがたい神聖さがあったことだ。

また、その反対に真夏の暑さと同調する熱風が、気弱な人間を寄せ付けない別世界もそこにはあった。

球場全体は今はただ開会式と試合前のリラックスした時間帯で、甲子園球場を満喫しているようであった。特に外野スタンドの観衆は、額から流れ落ちる汗をタオルで拭いながらビニール袋に入ったカチワリ氷を頭に乗せ、暑さに耐えながら開会式が始まるのを今か今かと待っていた。

各家庭ではＮＨＫ、地元ＴＶ局の放映を観てＴＶの前から熱い視線を送る。ラジオから流れてくる実況放送のアナウンサーの緊張した声を聞き洩らすことのないように、両耳に神経を集中している。

こうしてこの時期は、全国の人々の心が、高校球児たちの純真な精神と若さをグラウンドにぶっつける姿に鷲掴みにされてしまう。

翔太は入場する前に、まず甲子園球場正面に掲げられているグリーン地に白文字で書かれた「阪神甲子園球場」の看板に目を奪われた。全身に強く走る感情に戸惑った。これは何なのか、一言で言い表せばワクワク感としか表現できない。また、看板周辺の壁面には、緑のツタが繁茂している。その部分だけを見ていると西洋の古城を思わせた。

翔太は、入場門までの数メートルの間、先ほどのワクワク感に、続いてドキドキ感も覚え、いつの間にか入場門まで早足になり、入場後スタンドの階段を一気に上った。

来場者は、三年ぶりにこの看板とツタを背景に記念写真を撮っているが、昨年一昨年と、世界中で新型コロナウイルスの感染拡大で、人の動きが止められ、全国高等学校野球選手権大会もその影響を受けた。令和二年（二〇二〇）第一〇二回大会は完全に中止となり、高校球児は悔し涙を流した。翌令和三年第一〇三回大会は開催されたが、無観客で、入場行進も主将のみの行進となった。大会の規模は縮小されたが、四十九校出場校の球児たちは白熱した試合を行った。そして、令和四年（二〇二二）第一〇四回大会が通常通り開催され、全国の高校球児は大きな夢を抱き甲子園にやって来た。

看板下の入場券売り場には人ひとり見当たらない、その訳は、第一〇四回大会は観客を入れての大会であるが、入場券については全席事前予約購入方法となっていたため、入場券売り場前には記念撮影を行っている何組かのグループだけがたむろしているだけだった。

各入場門ではそれぞれの座席を指定したチケットを手にした入場者が、次々に場内に吸い込まれていった。

中央スタンドに向かう人たちは、八号門を潜り通路を進むと、一瞬にして視界が広がり別世界が目にとびこんでくる。目の前の光景は当然ながら高校野球一色で、間もなく開始される開会式の最終調整で関係者が忙しく動き回っていた。

中央スタンド本部前には主催者の高野連の役員が揃い、同じくその横には朝日新聞の社長以下の役員も列を作り、その端には阪神電鉄の関係者と甲子園球場長が神妙な顔をして列を成していた。

球場内グラウンド全体の温度は既に三十五度は超えているだろうが、開会式を執り行う役員の多くが汗を拭っていなかった。ホームプレート前には、主催者たちが行う挨拶用の真っ白い演台がドンと置かれ、その少し後ろには男女高校生四、五人が控えていた。

一塁側内野席と一塁アルプス席を仕切る一塁側内野取合通路のグラウンド側出入り口付近には阪神園芸のグラウンド整備員が待機している。その前を忙しく動き回る民放テレビ局のカメラクルーが、一塁側外野取合通路の方向に移動した時、外野スコアボードの時計が九時二五分を差した。

「音楽隊と合唱団の皆様は入場して所定の位置に整列してください」

女子高校生の声がスピーカーから流れると、スタンドの観衆は一斉に選手が入場してくるゲートの方向に顔を向けた。その時、リズム良く鼓笛が流れて音楽隊と合唱団が縦列で行進し、三塁側内野スタンド前まで進み先頭の指揮者の合図で定位置に停止し整列した。

少し間があり、スタンドの観衆がざわめき出した頃スコアボードの時計が九時三〇分を告げると開会式が始まった。

「只今から、日本高等学校野球連盟と朝日新聞社の主催により、第一〇四回全国高等学校野球選手権大会を開催いたします」

男子高校生の少々上擦った声が場内に流れると同時に、バックスクリーン中段に整列しているトランペット隊がファンファーレを奏でた。

続いて「選手入場」と女子高校生の良く通る声が場内全体に響き渡ると、一塁側アルプス席とライト外野席の境にある一塁側外野取合通路で待機していた女性が勢いよく一歩進み出た。そして、その場で二回足踏みすると、流れている大会歌「ああ、栄冠は君に輝く」のリズムに合わせて元気良く歩き出した。

彼女は、本日の入場行進の先導役に抜擢された女子高校生で、高校野球で唯一の現役女子選手であった。

後に続くのは、出場校名を書いたプラカードを掲げた女子高校生でその後に出場校の選手が続いた。校旗を持つ主将を先頭に三列縦隊の選手が、少し緊張した面持ちと、少し誇らしさを現して、足を高く上げ号令を掛けながら行進した。

一塁側アルプス席より大きな拍手が起こった。地元校が入場して来たためで、大声での声援は禁止されていたが、最前列に座っていた高齢の男性が、大声禁止を忘れ思わず叫んだ。

「頑張れ」

と声援したものの、我に返ったのか、きまり悪そうに俯いて座席に座りなおす仕種を二回した。

グラウンドの選手たちは、先導役に倣って行進の道順は間違えることなく、各スタンドから贈られる拍手を全身に受け大きく手を振って行進し、全員が集合する外野芝生部分で停止した。次に訪れる開会式のクライマックスに、全選手は緊張した表情で指揮者の合図を待っていた。

行進停止から一、二秒後に指揮者が吹く笛の合図で全選手は内野の演台に向かって一斉に前進した。

球場全体に拍手が沸き起こり、一層の興奮に包まれた。拍手はその後も止まることなく続いた。開会式の参加者、出場選手、観衆、役員、関係者が区別なく一様に感激する時間帯であった。

甲子園球場で開催される高校野球の開会式での醍醐味はここにある。

翔太は、中学生のときから毎年、夏の大会の開会式を観に甲子園を訪れていた。一観客として開会式を視覚の中に観るだけであったが、今大会は何かが異なっていた。気持ちが昂り落ち着かない自分を少し意識していた。

開会式が終了すると、翔太はいつもの通り席を立ち出口に向かったが、ふと何気なく最上段を見ると、紋付き袴姿の男性と、真夏に三つ揃えのスーツを着こなした青年が立っている。二人は額の汗と頬に流れる涙を一気に拭うと、手を取り合って頷きあっていた。そして翔太に向かって手を挙げた。翔太は一瞬自分の目を疑った。

「基綱爺さんか?」

再び見返すとその席辺りでは、子どもたちが大声を上げていた。

「気になって現在の盛況を見に来たのかな」

翔太は呟きながら階段を下りると球場の外に出た。もう一つの目的である訪問先に向かって歩き出した。


甲子園駅東側の高架下を北の方向に向かった。そして甲子園六番町の交差点を東に入り古い表示板に記された旧国道を武庫川目指してゆっくり歩き出した。この旧国道と表示された道路は、大正八年(一九一九)から十一年(一九二二)まで、兵庫県が行った武庫川改修工事と、武庫川の支流旧枝川《えだがわ》とその分流の申川《さるがわ》の廃川閉塞工事のため、埋め立て用土砂や砂利を運搬するために敷設されたトロッコ軌道が設置された道路であった。起点は武庫川で、終点は阪神電鉄枝川橋梁付近の約一キロ余りの距離であった。

翔太は、かつてのトロッコ軌道の跡地を、そのときの状況を思い浮かべながら武庫川を目指した。

周囲を見ながら歩いた。閑静な住宅地が続くなか、時折コンビニがあった。人はあまり歩いていない、時折自転車に乗った中年か年配の男女とすれ違った。

約四十分歩くと武庫川の堤防に突き当たり、斜めに作られた通路を登ると堤防の上に出た。すると涼しい風が全身を包み流れていった。川風であった。

翔太は、約一キロの距離を、大きな掛け声を上げて、土砂や砂利を満載したトロッコを押して走る作業員の姿を思い描いた。

「大変な工事だったんだな」

翔太は、川風に吹かれながら額の汗を拭い終わると、リュックサックからペットボトルを取り出して中のお茶を一気に飲んだ。そして川面に目を移すと、流れがあるのかないのか判別できないような水面があった。明治二十九年（一八九六）、三十年（一八九七）の武庫川の氾濫と洪水の惨事は、現状からはとても想像できなかった。

翔太はリュックサックからカメラを取り出すと上流にレンズを向けてシャッターを切った。

甲子園球場では、本日から休息日三日間を除いて十四日間、酷暑と新型コロナウイルス感染拡大並びに熱中症との熱い戦いが繰り広げられる。

翔太は、これらを普通に考えると一般的な野球大会に過ぎないと思ったが、甲子園球場を舞台にすると何故か何かが違う。その「何かが違う」理由は何なのか、時代を重ねた重みなのか、中等学校野球大会から始まり一〇四回も継続された歴史なのか。その結論は、今は確定できなかった。

だが人は、その答えをいとも簡単に口にする。それは、ここが「聖地」だからと。では全国には甲子園球場以外に大きくて古い野球場は多くあるが、それらどの野球場も野球の聖地とは呼ばれていない。なぜ阪神甲子園球場のみが「聖地」と呼ばれるようになったのか、その理由を知るには甲子園の歴史そのものを紐解く必要があると確信した。

そもそも、阪神甲子園球場は阪神電鉄が所有する施設で、プロ野球阪神タイガースの本拠地でもある。その他アメリカンフットボール、コンサート会場、草野球の大会開催等、さまざまなイベントに貸球場として貸し出されている。

阪神甲子園球場建設に至っては、阪神電鉄の初代社長外山脩造の言葉が強く影響した。「これからの日本人は、質実剛健で、体躯を鍛え、国家に尽くす人を育てなければならない」。この言葉が阪神電鉄の合言葉として現在まで伝わり、それが伝統として代々引き継がれてきたのだろう。

一〇〇年前、外山脩造が提唱した国を思う言葉に端を発して考えだされたのが、この甲子園球場の建設であった。

だが、いくら国を思っての考えであっても、建設に莫大な資金を使わなければならない、経営者として当然利潤を追求する立場でもあるため、採算を確信しなければ企業人としては失格である。だが、今の甲子園球場の盛況さを見ると、当時の事業経営者たちの先見の明には驚かされる。

しかし、明治時代から大正時代の国内では鉄道会社が乱立し、各社旅客誘致と貨物便の獲りあいが起こり、生き残りをかけて争奪戦が繰り広げられた。

当時阪神電鉄は、後発の阪急電車をライバル企業として常に、会社経営に於いて遅れを取ってはならないという意識が働いていたとも言われていた。だから阪急電車の遊興娯楽を中心にした沿線開発を苦々しく思い、自分たちは、健全な体躯向上を目的としたスポーツ施設の建設、スポーツの普及に努めることにハンドルを切ったのである。

翔太は、阪神電鉄が企業の命を懸けた方針を決定するに至って、三人の男と二本の暴れ川が大きく関与した事実も小説『甲子の曙』で知った。

摂津の暴れ川

翔太は、甲子園球場と武庫川の調査が終わり帰宅すると早速武庫川に関する資料を読みだした。

「そもそも、武庫川という川は古代から現代まで地域にどのような影響を与え続けてきたのかな、興味が湧いてきた。どれどれ」

手にした資料は、兵庫県県土整備部土木局河川整備課が編纂した『ひょうご水百景』で、記載されている武庫川改修工事の歴史等の記述ページをゆっくり繰った。

武庫川は、兵庫県丹波篠山市（旧多紀郡丹南町）にその源流があり、そこから三田盆地を十分潤して宝塚市、伊丹市、西宮市、尼崎市を流れ大阪湾に注いでいる。

延長六五キロメートル、流域面積五〇〇平方キロメートルの二級河川で、阪神地方の重要な水資源でもある。

古くから、武庫川は通常少ない水量であるが、大雨が降ると水量が増し上流から岩、砂利、砂を大量に運ぶ。それを毎年のように繰り返すため阪神間に扇状地の平野を造り出す。

そうやってできた場所の一つが旧西宮町の鳴尾村で、河口までの一帯は水はけの良い畑地が出現し、明治、大正、昭和の初め頃までイチゴ栽培が盛んに行われていた。

しかしながら、他面では「摂津の人取り川」や「暴れ川」とも呼ばれ前述のとおり古来より氾濫と洪水を繰り返し、多くの災害をもたらした。

残されている記録では、
弘治三年（一五五七）に氾濫と洪水により、武庫川から枝分かれした川が出現した。それが今も地名として残されている「枝川」である。後々、甲子園球場建設に大いに関係が出てくる川となる。

万治二年（一六五九）小曾根、小松、鳴尾村に大被害が出る。「戸崎切れ」と言われている大洪水が発生。この洪水は武庫川と枝川の分岐点付近の堤防が、約五〇〇メートルにわたって決壊し、三村全てが流失した。鳴尾村に流れ込んだ土砂の量は膨大で、それまでは、海岸の浅瀬が完全に陸地となったほどだった。

元文五年（一七四〇）枝川の氾濫と洪水により誕生したと言われているのが申川である。

このとき武庫川と枝川が決壊したため、段上村から上大市村を通り今津村まで濁流が押し寄せ大変な被害を出した。西宮えびす神社では大練塀が浸水し一部が倒壊したと言われている。

なお、「申川」については、元文五年が十二支の申年だったことに由来している。

明治に入っての武庫川、枝川、申川は毎年のように氾濫していた。

明治二十九年（一八九六）浸水流出家屋二八六六棟、死者四名、東海道線を破壊して十数日間にわたって交通不能になった。

明治三十年、浸水家屋五四二一棟、死者一五名。以上が記録に残っている大水害の実態で、この大水害以外にも雨が続くと堤防を越えた濁水が周辺の民家や田畑に流れ込み、多くの作物に甚大な被害を出した。河川の氾濫で一番苦労するのが近在の村民たちであった。

水害に長年苦しめられた村民たちは我慢が限界に来ていた。災害による窮状は各村の村長たちも十分認識しており、手立てを模索して話し合ったが、結局自分たちだけではどうにもならないと結論を出した。そして、唯一の方法として兵庫県に救いの手を求め、窮状を認めた嘆願書を差し出すことになった。この嘆願書以外にも、村々は個別で洪水防止の河川改修を要請したが、河川改修には多額の費用が掛かるため、兵庫県では自前で工事実施の目途が立たなかった。

しかし、兵庫県議会の郡部会は、村民たちの請願を聞き入れたことにして、一応「河川改修工事実施決定」と各村々に通告した、その改修工事の概要は、武庫川の他、県下七河川の大規模改修工事とあったが、ない袖は振れなかった。

県は、大改修を行うと告知したものの、実際行った工事は大きな傷に絆創膏を貼るような工事でお茶を濁すだけだった。こうして村民を騙し続けたが、兵庫県はこれ以上村民を騙し続けると、一揆などの不測の事態を招くことになると、一部の議員は危機感を持った。

明治二十九年（一八九六）に発生した武庫川の氾濫とそれによる洪水で甚大な被害が出ると、今まで図太くほっかむりをしていた兵庫県は、政府に対して河川改修に対する工事費用の全額歳出を訴えた。

すると、日を置かずして、政府から返答が届いたが、それは実に驚くべき内容であった。政府は明治二十九年に河川法を制定し、河川に対する国家管理と工事補助金を軸とする基本法によって治水を優先して工事が行われる、ということであった。

兵庫県は、河川改修工事に掛かる費用が全額政府より補助されるものと解釈して、早速政府に対して、兵庫県が計画している県下八河川の改修工事の計画書と認可願い書を送付したのであった。この後少し時間を要したが、政府から待ちに待った通知が届いたのであった。

「認可するものである」

と書かれた通知書を手にした県知事は、東に向かって頭を下げた。

兵庫県は、この認可に意を強くしてさらに、昔より洪水の原因となっていた武庫川の支流「枝川」とその分流である「申川」を閉塞し、さらに閉塞後の二川を埋め立てて廃川となすと、この工事も兵庫県が施工したい旨を申請した。

さらに驚くのは、二川を埋め立てた後の川床地を住宅地として売却し、その売却益は工事費の建債の償還に充てるという計画で、国に対して、金と川床地を兵庫県が管理することを任せてほしいという内容だった。

政府は、この兵庫県からの申請に対して、現在、日露戦争の後始末のため、全閣僚が外交問題の処理にかかり切りであり、また、国の経済立て直しの真っ最中でもあり、一地方の河川改修工事に、金は出せても人は出せない、計画全体の管理監督もままならない状況であるため、兵庫県案を丸呑みすると書いて寄こした。

だが、この申請及び認可の裏には兵庫県と阪神電鉄が大いに動いたということが、当時の関係者が周囲に漏らした、と伝聞として残されている。

この先、甲子園球場建設と国道二号整備計画に、川床地の販売と、砂利、川砂の販売も伴い、兵庫県側と阪神電鉄側の人物が、自分たちが立てた構想を実現するために、表舞台に裏舞台に登場してくる。

政府の認可後、兵庫県は河川改修工事と川床地の販売に関する計画書と予算書の策定に入り、ついに、大正八年（一九一九）十月の臨時県議会に諮問し、さらに慎重に討議を重ねた結果、完結を見たのである。

「利害の重大なる本川改修のごときは県において直接これを施工することが妥当なりとして郡部経済郡部会において決定した」その内容は以下の通り。

一、第一期工事として工費四五三万円

工区は、東海道線武庫川橋梁より河口までの延長一里一一町（五・一キロメートル）を改修する。

二、工費は、一時起債により確保するとともに改修により生じる武庫川の分流（枝川・申川）の廃敷地（川床地）を無償で国から譲り受け、この処分益を償還に充当。なお、余剰金があれば阪神国道整備費の起債償還に充当、併せて枝川の廃川により国道整備上で架橋が不要となり工事費が節減できる。以上兵庫県は、これらの工事を大正九年より二カ年の継続事業として、政府の内務大臣に認可申請を行った。

大正九年（一九二〇）六月に内務大臣の認可を経て、八月に工事を着手した。

兵庫県は、運が良かったのか、はたまた政府内に兵庫県に対して好感情を抱く高官が存在したのか、首を傾げる。

兵庫県と明治政府と言えば初代兵庫県知事の顔を思い出すが、彼が裏で動いたという記録はない。


翔太は、県立図書館で当時の県議会速記録や、県土木監修の「武庫川他七川の改修工事」などの資料をあさり、摂津の暴れ川を詳細に調べ上げ、甲子園球場建設に関連した事柄を纏め上げた。その中でも次に阪神国道と甲子園で、御厨基綱が阪神電鉄の役員としてあらゆる面で活躍することを知ったのであった。

阪神国道と甲子園

翔太は、県立図書館から阪神電鉄の社史輸送奉仕の五〇年と八〇年史を借りると一気に読みだした。両社史を突き合わせながら、阪神国道と甲子園球場建設にまつわる出来事を洗い出した。特に兵庫県と阪神電鉄の関係が興味深く読みとれた。

明治中期から、大正期、昭和初期にかけて兵庫県は運が良かったように思われる。特に、武庫川改修工事と同時期に政府が打ち出した産業振興策が大いに関係するのであった。それは関西においては明治後期以降、大阪の紡績業をはじめとする産業の発展と、国際貿易港神戸の躍進により、阪神間の物流が活発になった。

それを担っていたのは、主として鉄道や海運であった。鉄道は早くから東海道線が明治七年（一八七四）に大阪神戸間が開通した。

続いて明治三十八年（一九〇五）に阪神電気鉄道が大阪（出入橋）―神戸（三宮）間で開業した。

大正九年（一九二〇）に阪神急行電鉄（現阪急電車）が十三―神戸（後の上筒井）で開業したが、道路は、江戸時代初期に整備された西国街道一本だけで、それもとても粗末な道だった。道幅は狭いところで二間（三・六メートル）おまけに曲がりくねって表面は未整備という状態であまり街道としての役割を果たしていなかった。

大正中期になると、貨物自動車が普及した。そして迅速に円滑な物流を図るため、阪神間の大動脈となる国道整備の必要性が声高に提案された結果、大正八年（一九一九）に道路法が制定された。ところが、この道路法は明治二十九年に制定された河川法と同じく、兵庫県と阪神電鉄にとって、発令時には非常にありがたい法となったのである。

特に道路法（大正八年公布旧道路法）の第一七條には、「国道ハ府県知事、其ノ他ノ道路ハ其ノ路線ノ認定者ヲ以テ管理者トス」とあり喜ぶべきことは、第一七條前段にある文言にある。

「国道ハ府県知事ヲ管理者とする」とあり、これは、旧河川法と同様に県知事の裁量で、自分たちの事業計画を、生かすも殺すも、政府に気兼ね無しに動くことができたのであった。

兵庫県は、政府の方針に乗ると阪神電鉄とともに阪神地区の開発に着手するのである。

一方で、政府が道路法を公布したころ、兵庫県と同様に動き出したところがあった。

大阪市である。市は阪神間の経済活動を積極的に行うことを議会で決定し、その機会を待っていた。すると兵庫県も「阪神国道」の整備事業を考えているとの情報が入り、急遽兵庫県に協同事業として行うことを提案するため、先手を打って打診した。

大阪市は、この協同計画を兵庫県が断ることがないと目論見、県からの回答を待っていると、約二週間後に兵庫県知事名で回答書が届いた。

兵庫県にとっては、渡りに船と、早速大阪市に対して話し合いの場を求め、計画の実現が基本条件であることを付け加えた。

兵庫県知事は、大阪市が提案している「阪神国道」を大阪神戸間に整備することは、当然その区間にある複数の河川に架橋が必要となり、武庫川にも架橋されることになる。その折に橋の周囲の堤防は護岸目的で大改修が必要と見込んだ。

兵庫県が予定している武庫川改修工事では莫大な工事費が発生するが、その費用の一部でも武庫川架橋工事に含まれれば、武庫川改修工事費用の節減に大いに寄与されるのではないか、と探っていた。

協議の場所とそれに掛かる費用は兵庫県が持つことにして、神戸諏訪山にある料亭常盤楼に大阪市長と、他担当者数名を招き協議を行った。

兵庫県知事は自分たちの目論見を、おくびにも出さず交渉の場についた。しかし大阪市は、既に兵庫県の目論見を察知していたが、そのことは伏して交渉を進めた。双方共に今回の一件は市政、県政の起死回生の事業であって、交渉が拗れると困るのは自分たちであると十分に理解していたからだ。

大阪市の担当者は市長の顔を見た後、話を切り出した。

「県知事に申し上げます。今回、わたくし共は双方が満足する内容を市庁内で十分に精査したものをお出しいたします」

県側は市側の条件提示内容を待った。

「武庫川に架橋する橋梁は、道路法や河川法を順守した内容で計画しております。先ず護岸工事の範囲は架橋幅の一一間（約二〇メートル）とし、現在一流の建築家に設計を依頼して、橋そのものを堅牢雄大とし、意匠面でも西洋建築の技を駆使して華やかさを併せ持つ道路橋といたします。そして春には河畔の桜、夏には猛暑をやり過ごす遊泳と花火、秋には河畔の草木の名花、冬には河畔で凧揚げ、こうして、四季折々の観光を堪能できる。こうした余暇の名所となるような構造物にする計画であります」

この提案に兵庫県側は損得勘定を働かせて、この提案が潰れると大きな経済効果を失うことになると、県知事は笑顔で前のめりになり、市長に手を差し伸べて握り合った。

「大変結構な内容でありますな、私共はこの案以上のものは求めるものではありません」

と、県知事が持ち上げた。

「いやいや、貴方こそ即時にご了解頂きまして、私共は深く感謝いたしております」

と市長が返すと、一斉に笑い声が室内に響き渡った。後は酒肴の席となり笑い声が絶えなかった。

だが、この「阪神国道建設」は時間経過に伴って、さまざまな軋轢が生ずることになる。特に阪神電鉄にとっては、会社の存続を左右させるほどの問題が表面化するのであった。

大正十一年（一九二二）政府は、「新阪神国道」建設においては「軌道併置」とすると打ち出した。その結果、各地の鉄道施設会社発起人たちが、こぞって新阪神国道に鉄道施設の申請合戦を繰り広げたのであった。

ところが、この申請合戦に困惑したのが、計画中の「新阪神国道」の南、数十メートルのところを並行走行する阪神電鉄で、もし他社に「鉄道敷設特許許可」が認可されると、相互で乗客と貨物便の争奪戦が起こり、共倒れになる恐れがあった。

阪神電鉄の役員たちは、社長を中心に一致団結して、この難局に立ち向かうべく、まずは、「電気軌道敷説特許」の申請を行いその結果を待っていた。そして。

大正十一年（一九二二）三月十三日に政府から通達があり、その内容が阪神電鉄にとって最も気がかりであったもので、それが現実に起こってしまった。

国が特許したのは一社ではなかった。「阪神電気鉄道株式会社」「阪神自動車軌道株式会社」「摂津電気軌道株式会社」の三社に対して新阪神国道に電気軌道を敷設することを許可すると決定したとあった。

阪神電鉄は、国が新国道建設を公布したときから懸念していたことが現実になった。そして苦しい立場に立たされた。役員たちはその対策に日夜会議を行って対応策を模索したが、なかなか妙案が出てこない。だが今は何か策を捻り出さなければならなかった。

そして、何回かの役員会で御厨取締役が手を挙げた。

「この案件につきましては、長時間を費やしても良策を見出せず今に至っております。早急に何らかの手を打たなければ、わが社は廃社に追い込まれます。そのようなことは絶対避けなければなりません。私が考えますにこの案件は兵庫県も大いに関係しておりますので、どうでしょう、わが社の立場を県にご理解して頂き、県が国に対して他社二社の『電気軌道敷設特許権』の無効申し立てを陳情していただく、ということでいかがでしょうか」

御厨は、自分の発言は決して妙案であるとは思ってはいなかった。でも県を引っ張りださない限り問題の解決は不可能と思っていた。しかし役員たちからは反対意見も賛成も出てこなかった。

痺れを切らした議長は少し声高に議決を迫った。

「ご意見がなさそうですので、この件は御厨取締役の提案に基づいて、反対意見が皆無のため、よって御厨案を決定と致します」

議長は、さらに兵庫県との交渉役に御厨取締役を指名した。

「では、御厨取締役、貴方が県との交渉窓口になって頂きたい。皆様ご賛同いただけますか」

議長は、御厨の手腕を十分認識しており、他の役員も御厨の人間性を知り得ていたので、反対者は無かった。

御厨は早速動き出した。役員会閉会後、三日目には、神戸元町にある県庁を訪れ、県知事に面談を申し入れた。知事は気持ちよく面談を受けると答え、御厨は知事室に案内された。

御厨は、挨拶もほどほどに、早速阪神電鉄の立場と窮状を訴え力添えを願った。御厨の訴えを物静かに聴いていた知事は、御厨の話が終わると、平然とした様子で口を開いた。

「分かりました。国が二社に出した『電気軌道敷設特許』を無効にするための陳情を行えということですな、面白そうですね、やってみましょう。ただ国が一度出した決定を自ら覆すかどうか疑問ですが、まあ一度やってみましょう」

御厨は足運びも軽く県庁を後にして尼崎事務所に帰って行った。

兵庫県は阪神電鉄と取り交わした国への陳情を急ぎ行ったが、国が一度決定した案件は無効にできないと返答が送られてきた。

いよいよ窮地に陥った阪神電鉄は、必死で解決策を模索したが、今回も取締役会で妙案が出ないまま時間だけが過ぎていった。

その時、またもや御厨が手を挙げた。そして彼は議長に対してこれから行う説明には少々長くなることをお許しくださいと前置きした。

議長は、御厨の発言を待っていたかのように、発言を許した。

「御厨さん、時間は十分にありますから、皆さんに納得頂けるように説明してください」

御厨は、議長の了解を得ると、ゆっくりした口調で話し出した。

「我が国の政府は、明治期より国土の近代化を推し進めて参りました。一つは日本全国に鉄道網の整備、もう一つは新国道の建設であります。正にわが社もその一環として鉄道会社を営んでおります。現在は全国至る所で鉄道敷設の特許を求め政府に対して申請合戦が巻き起こり混乱を招いております」

と、間合いを取り、茶を啜ると再び話し出した。

「特許権は一種の投資で、そのものの転売で金儲けを目論む不逞の輩が存在します。政府もそれらを見越し、申請通り起業する者と転売を目的とする者から、一律の申請手数料なるものを徴収して、転売目的とする不逞の輩を牽制したが、それでも、特許権は高く転売できるため申請者は後を絶たない有様です」

ここまで話した時一人の取締役が、話の行く手を遮って、話し出した。

「不逞の輩の話は分かりましたが、その解決策は如何なるものでしょうか」

御厨は、頷いただけで、急ぐ様子もなく話を続けた。

「そうです。その不逞の輩の話です。わが社にとって、目の上のたん瘤である、この二社を排除する方法であります。まずは、事あるごとにわが社に迷惑を掛けている『摂津電気軌道株式会社』が、自ら特許権を放棄するように仕向けるのです」

「そのようなことが可能なんですか」

先ほどの取締役が口をはさんだ。

「はい可能です。明日以降私が兵庫県と共同で政府に働きかけますので、もうしばらく私にお時間を頂けますようにお願いいたします」

御厨は役員会で了解を貰うと、早速大胆な行動にでるのであった。

大正十一年三月二十日、六甲山系が桜色に色づき始めたある朝、兵庫県庁の知事室に御厨の姿があった。

「御厨さん、今日は例の件でお越しになったんですね、私も解決策を探しましたが、これは一筋縄では行きませんな、まずは貴方からお話ください」

「知事、この度の件ではいろいろとご心配をお掛けいたしました。他の二社が、もしわが社のライバル会社に「特許権」を転売されようものなら、わが社は地獄を見ることになります。それだけは絶対に防がなければなりません。それと、「川床地」の件にも大きく影響いたします」

御厨の話を聞いていた知事は眉間に皺を寄せて口を開いた。

「阪神さん、それで、その問題解決策はどうなんですか、何か考えが浮かびましたか…」

と、知事はそこまで話すと、急に眉間の皺を消すと笑顔になった。

「なるほど、今日はその解決策をご披露にこられたんですな」

県知事の笑顔に釣られて御厨の表情も明るくなった。

「知事、今回の特許権を転売目的で取得した者たちを排除しましょう。その方法として、「新阪神国道」の建設は幅一二間となっていますが、私の考えでは電気軌道を走行させるには道路幅が不足です。一二間を一五間に変更し、その拡幅分の工事費を鉄道敷設者側の負担とする。という案ですが、いかがでしょうか」

御厨の提案を聞いた知事は、手を叩いて喜んだ。

「そうか、特許権転売目的者は、鉄道敷設が主たる目的ではないため、当初から工事費など調達してはいないだろう、まして追加の拡幅分の設計図など作れる訳がない。面白い、貴方は思いもよらないところに目を付けたね。分かりました。後は私から政府にお話しさせていただきます」

「お分かりいただきましてありがとうございます」

御厨は、引き続きその後の計画について話し出した。

「もしこの件を政府に働きかけて成功すれば、当社といたしましても、県に対しては、今後発生する諸問題に、それらを解決する方策を見つけるため、全面的にご協力を致します。知事には県民に対して顔が立つように取り図りたいと思います。特に県が施工しております武庫川改修工事の工事費について、私共がお手伝い出来る手段を考えております。如何ですか」

御厨は自信満々な様子で県知事の顔を見てほほ笑んだ。すると、知事は首を縦に二度上下した。

大正十一年三月十三日付で「新阪神国道」に併設する電気軌道敷設に工事施行者として申請した阪神電気鉄道株式会社、阪神自動車軌道株式会社、摂津電気軌道株式会社の三社に対して、政府より電気軌道敷設の特許権取得の通知が届いた。しかし、別添の書状が添えてあった。それには、付帯条件が記載されてあった。

「道路幅員を一二間から一五間に拡張し、その工事費は軌道敷設者負担するものとする」とあり、最後に「承諾書提出期間は特許権書到着日より一〇日間トス」とあった。さらに同じころ、大阪市と兵庫県に対して、非常に喜ばしい文書が政府から送られてきた。それは、親書であった。

それを見た兵庫県知事と大阪市長は諸手を挙げて喜ばしさを表現した。御厨基綱の計画が成功した瞬間であった。

この通知で、案の定、摂津電気軌道株式会社は「新阪神国道併用電気軌道敷設工事」の特許権と他の権利を全て放棄した。

もう一社の「阪神自動車軌道株式会社」の発起人山間部文郎《やまべふみお》たちは、純粋に電気軌道を敷設する計画であった。そのための資本金や人材を確保して、その日を首を長くして待っていた。

阪神電鉄にとっては、阪神自動車軌道株式会社の用意周到さが、自社の首根っこをおさえつけている厄介者と警戒した。

大正十一年（一九二二）四月一日、御厨基綱は、阪神電鉄の代表取締役に就任した。早速、阪神自動車軌道と問題解決のため、自ら山間部文郎と寿田竹道《すみだたけみち》を神戸諏訪山にある料亭常盤楼の一室に招き話し合いの場を設けた。三人が揃うと、御厨は挨拶を略して新会社設立について提案した。

しかし、山間部も寿田もその提案を、歯牙にもかけないで、目を閉じ不動の姿勢で座っていた。

二人は注がれた酒も口にしないで、両手を組み目は開いてはいたが、あらぬ方向に向いていた。そこには手入れが行き届いた中庭があった。

御厨は、それでも誠意を持って新会社設立の条件をゆっくりと説明した。

「新会社につきましては、両社が同等の出資金とし、諸問題の解決は当社側から入社した役員が担当し、煩わしいことは全てその役員が受け持って解決にあたる。鉄道運営については御社から入社した役員たちで行うということでどうでしょう」

御厨は、相手の気持ちを汲んで丁寧に説明した。すると山間部と寿田は、当初は敵対感情を剥き出しにしていたが、御厨の人間性に触れ、自分たちの心を開いたのであった。

「阪神さん、今回の話し合いに駆け引きや裏の話はないでしょうな」

山間部は、相手に釘を打ち込んだ。御厨は山間部の一言で、さらに新会社設立の条件を付け加えた。

「新会社設立時に、双方の鉄道敷設特許権を無償で新会社に譲渡し開業する。両社は全くの平等ということです」

御厨の提案が終わる頃には、山間部と寿田の顔から不信感や不安感は消えていた。こうして、鉄道新会社を設立し開業することになり、阪神電鉄の一番の悩みであった他社が領域に入ってくることを阻止したのであった。

そして勢いづいた阪神電鉄は、次の一手として新会社「阪神国道電気軌道株式会社」の買収に着手し、あらゆる方策を駆使して交渉した。そして紆余曲折の後、最終的には昭和三年（一九二八）四月一日、三〇〇万円で買収に成功するのであった。

阪神電鉄は、何故ここまで執着して「阪神国道電気軌道株式会社」を手に入れたかったのか、その訳は、先にも自社の領域に他社が入ることを忌み嫌ったためと記したが、事実は新参鉄道会社である阪神急行電鉄の進入を防ぐことにあった。そしてさらに、日本の都市間高速電気鉄道の先駆者としての誇りが許さなかったのであろう。

「基綱爺さん、思い切ったことをやったな、さすが俺の先祖だ」

翔太は、山積みの資料の中から八〇年史を探し出しページを繰りながら基綱の心意気に感動したのであった。そして資料の中から時間を戻して、兵庫県と阪神電鉄の間で交わされた水面下の交渉内容について解析を始めた。

大正七年（一九一八）まで戻って、兵庫県と阪神電鉄の動きを見ることにする。

阪神電鉄の、御厨基綱は積極的に動いた。まず兵庫県知事に、「武庫川改修工事の資金調達」と「新阪神国道建設工事」の資金の一部を調達するために、二人は頻繁に会いに出かけた。今日も二人は神戸諏訪山にある料亭常盤楼の一室で和やかに酒を酌み交わしていた。

「知事、武庫川改修工事は本流のみとして、支流の枝川と分流の申川を廃川として、両川を埋め立てて住宅用地として販売し、そこで得た収益で武庫川改修工事の費用と新阪神国道建設費用負担金の一部に引き当てると、県は資金面で楽になると思います」

県知事は阪神電鉄の提案に少し不安気に聞き返した。

「阪神さん、川底の土地を誰が買うと思いますか。私には販売する自信はありませんよ」

県知事の弱腰の様子に、御厨は自信ありげに答えた。

「知事、良いですか、川床地の販売については、一般販売は表向きで、実は当社で全て購入する段取りになっております。さらに売値は県の言い値で引き受けます。だから売れ残りはございません。とても良い話ではありませんか」

御厨の話を黙ってきていた県知事は、ほほ笑みながら杯を口に持って行った。そして一息入れると、一言
「ありがとう、阪神さん。乾杯だ」

それから、酒席が数時間ほど行われた。

二人が料亭常盤楼を出たとき、既に日付が変わっていた。県知事はふらつく足元を秘書に支えられ、迎えの車に乗り走り去った。

県知事は、議会において武庫川改修工事の件として、工事内容と費用及びその効果について説明した。その時知事は阪神側との間で交わされた交換条件があることについては、おくびにも出さなかった。

兵庫県議会が始まった。知事は、午前中の審議が終わり昼の休憩時間に、先日耳にした御厨の提案を思い出していた。すると秘書が声を掛けてきた。

「知事議会開会のお時間です」

知事が議場に入ると議員たちは揃って席に付いていた。

議長の開会宣言が議場に響いた。

「知事の提案発言を許可します」

「それでは懸案事項の武庫川改修工事についてご提案いたします」

県知事は時間を掛けて御厨との約束を果たすべく、丁寧に説明した。

知事は事前に十分練りこんだ案件であるため、自信ありげに澱みなく発言した。すると案の定、議案はすんなり採決された。県は、早速「県からのお知らせ」等で県民に河川改修工事の実施を公表した。

兵庫県は、武庫川ほか、七川の改修工事の詳細設計に入ったが、この時、一人の土木建築会社責任者と名乗る男が県庁を訪れ、土木建築課の担当者に面談を求めた。その理由を受け付けで告げると担当者が現れるのを待った。しばらくして部屋の奥から大柄な役人が出てきた。

「私が担当の賢田と言いますが、どのようなご用件でしょうか」

と、ぶっきら棒な態度で要件を聞いた。

「賢田課長、お願いがありまいりました。実は先ほどの県のお知らせに河川の改修工事実施決定の記事が掲載されておりましたが、実は武庫川改修工事で川底を浚渫した際、土砂と玉砂利の販売特許権を頂きたいと思いましてお願いに参りました。よろしくお願いいたします」と慇懃に語った。

賢田土木課長は、男の話を訝りながら聴いていたが、反面、川底の土砂と玉砂利が売れることも気づいた。賢田はそのことを表情に出さず、男には土砂と玉砂利の販売計画を提出するよう告げた。賢田は男から受け取った名刺見ると、名前は近藤利一郎とあり社名は「阪神建築用材販売株式会社」とあった。

この近藤利一郎という男は、御厨が送り込んだ者で、今回の工事に他社が一寸たりとも入り込まないよう仕組んだのであった。後日、阪神建築用材販売株式会社は兵庫県の指定を受けた業者として、武庫川から浚渫される土砂、玉砂利を一手に販売する権利を手に入れた。実はこの件も県知事と御厨の話し合いの結果と囁かれていた。

翔太は、資料を読むに従って基綱の物事に関しての用意周到さや、緻密な考えと迅速な行動に驚かされていた。

「そこまで考えて行動するんだ。超人か?」

兵庫県は、武庫川改修工事の段取りが全て完了し、後は工事を開始するだけになっていた。

暴れ川武庫川改修工事

大正九年（一九二〇）八月一日、武庫川の改修工事が始まった。工事は武庫川の川底を浚渫することから始まり、その浚渫した土砂は枝川と申川の埋め立て用として利用された。その土砂を運搬するために、武庫川から阪神電鉄枝川橋梁北側辺りまで大掛かりな施設が造られた。

それは、旧国道に武庫川から阪神電鉄枝川橋梁北側まで軌道を敷設して、その上に土砂を満載したトロッコで運搬する方法であった。当時は、大型トラックや重機など全くなく、全て人力での作業であった。

当時の新聞記事に、実際にトロッコを押して土砂を運搬した作業員の様子が掲載されている。

「真夏のカンカン照りの下、上は工事会社の名が入った半纏と下は褌一本で足元は草鞋履きの格好、トロッコには武庫川の土砂を満載して押し走る何十人もの作業員は、全員同じ姿で、大汗をかきながら轟音を響かせ軌道上にトロッコを押して走る勇壮な作業員集団は、まるでお祭り騒ぎのようである。枝川橋梁北側近くまで来ると、工事を見学している者や、通行人から拍手と掛け声が起こった。そりゃ気持ちよかったねえ」

と、作業員たちの話が載っていた。その新聞記事を作業員の家族が読み、現在に伝わっている。

工事現場では、枝川橋梁南西に残っている旧申川の堤防跡に、現地工事事務所と川床地販売事務所が、それぞれ二階建てで二棟が設置されていた。

それぞれの事務所には、兵庫県土木課職員と阪神建築用資材販売会社の社長近藤利一郎の顔があった。常駐する職員たちは、工事監督や突発的に発生する事故の処理にあたっていた。中でも川砂と玉砂利を販売している作業員たちには休む間もなく、事務所は活気に満ちていた。

川砂と玉砂利の仲買人や土木建築業の男たちが朝早くから列を成して、順番が来るのを待っていた。武庫川から出される川砂と玉砂利はいくら掘り出しても尽きることはなかった。

「枝川」長さ三五町（三八一五メートル）「申川」長さ一三町（一四一七メートル）がど

んどん埋め立てられ、両川合わせた埋め立て総面積が二三万五千坪となりかなり広い川床地が出来上がった。

兵庫県は大正十一年（一九二二）の末ごろには、武庫川の改修工事と、旧枝川旧申川の廃川工事を概ね完成させると、いよいよ、本格的に廃川跡の川床地の販売に動き出した。川床地の上を横断する阪神電鉄枝川橋梁北側に大看板が立てられた。また、橋梁には横断幕が吊るされ、川床地販売の広告と案内が掲出され、橋梁南側の川床地には無数の幟が揚げられて華やかな販売地が登場した。しかし、販売担当の県職員は次のようなことを話していた。

「この事務所には、私たち県職員二名が二四時間常駐して川床地の販売活動を行っていますが、何か悪い評判でも立ったのか買手が全く現れないので困りました。私たちの思いとは全く違っていました」

この県職員の失望感の裏には彼らも知らない、ある事実が隠されていた。それはもう少し後で明らかになる。

まず、川床地の悪評というのはどのようなことなのか、県職員が、出入りする業者や仲買人たちから耳にした話として伝わっていること、それは。

「販売中の川床地は、廃川跡地の南北に細長い土地で使い勝手が非常に悪い。仮に住宅を建てても湿気が多い、また黴も生えやすく家屋は傷みやすい、その上住民の健康をも脅かす土地である」

との評判であると伝えられていた。

この悪評により川床地が完成して半年になるが、物件の問い合わせも、購入申し込み全く無かった。

この販売不振の状態に業を煮やした県議会は、本会議で知事にその訳を詰め寄るのであった。

「知事、武庫川改修工事の費用の一部となる川床地の販売が思わしくないようですが、現状の説明をお願いいたします」

知事は、議員の質問に平然と回答した。ただ一言で。

「今後、誠意を持って案内し、販売については最大の努力を致す所存でございます」

模範的、かつ事務的な回答は、既に御厨と前県知事と現知事との間で交わされたシナリオの一節で、芝居でいうところの一幕目であった。

二幕目は、川床地の悪評を覆す専門家を登場させ、この専門家に兵庫県の窮状を救うという場面を作ったのであった。

この専門家は、県の土木課の土木課技術係で住宅地の調査研究を行う技術者であった。彼は知事からの特命により、川床地の再調査を行った。その結果は、今までの悪評とは異なった結果を発表したのであった。

「この川床地につきましては、以前は、周囲の土地より低地で湿気が多いと思われていましたが、再調査の結果、実は間違いで、両川は長年にわたり上流から流出した土砂や砂利が堆積して天井川となっていた。その高さが堤防の天端近くまで上り、なおかつ、堤防そのものが周囲の土地より上に築堤されており、結果的には川床地全体が周囲の土地より地盤が高く、排水良好な土地になっている。結論としましては当該の川床地には住宅建設用地に最適な条件が揃った土地であることを証明いたします」

との調査結果を公表した。県は、この結果を大々的に広報した後、好機到来ばかりに川床地の販売に拍車をかけた。人の口は恐ろしいもので、誰もが、この川床地が理想的な住宅地であると語り始めた。

すると、間髪を入れず阪神電鉄が手を挙げて川床地の全域を購入することを新聞に発表したのであった。

「この地域は、当社の沿線で、もし同業他社が入り込めば当社の沿線開発に支障を来し、将来的に当社の存続が危ぶまれるため、その予防策として、この川床地を購入することに致しました。これは、当社代表取締役御厨基綱の経営理念が強く発揮されたことによるものであります」と、語った。

なお、当該物件の有効開発については、日を改めて発表いたします。とあった。阪神電鉄の早い動きに対して、知事は、副知事を阪神電鉄の尼崎本社に派遣した。

副知事は、今回の早々な動きに対して、真の話であるかの確認で御厨代表取締役を訪問した、と公表した。

副知事と御厨基綱は応接室で強く握手をして微笑みを交わした。

「計画通りですね」

副知事が口火を切ると、御厨は笑みのまま答えた。

「副知事、良かったですな、上手くいきました」

すると、副知事は居住まいを正して、知事からの伝言を話し出した。

「知事は、作業を早く進めましょうと、仰っていました」

この伝言を聞いた御厨は、当然の如くに返答した。

「分かりました」

と答えた後で二人は美味そうに茶を啜った。

副知事は、県庁に戻り知事室入ると小声で知事に報告した。

「知事、計画通りに運んでおります」

との報告に知事は一言だけ返した。

「そうか、後は契約だけだな」

知事は契約を急ぐように指示した。

大正十一年（一九二二）の盛夏に、兵庫県と阪神電鉄は「川床地の販売」について、契約の締結に向けて、細部の交渉を数回行った結果、条件が整ったため払下げが決定し契約が交わされた。

大正十二年（一九二三）八月三十日、「川床地」の所有権移転契約が行われ、正式に阪神電鉄の所有地となった。

購入金額は四一〇万円であったが、当時この金額が適価か割高なのか、その判断について一言も残されていない。

この川床地の払下げ交渉については前段で記したが、当時、国の認可が下りる前から、兵庫県と阪神電鉄は、それぞれの目的達成のため相互に助け合っていた。その経過から見てみると県の吏員と阪神電鉄の役員もしたたかであった。

こうして、県は一揆が寸前に迫った「暴れ川武庫川改修工事」と「新阪神国道建設工事」も成功して問題が解決した。

一方の阪神電鉄は、自社線沿線から同業他社を排除でき、経営の安定化に成功した事実は最大の慶事であった。

阪神電鉄は、甲子園大運動場の建設に於いて最適地を手に入れた結果、東洋一の野球場建設に向かって歩み出した。

翔太は、資料の綴りを閉じると、基綱の行動を想像した。強気であり繊細な思考に再び感心するのであった。

「またもや作戦の成功か、勝ち戦だな」

暴れ生田川と熊内の黒土

今回の、野球場建設において最も考慮せねばならないのは、一に立地条件と建物の安全、二にグラウンドの土である。「甲子園球場建設」に於いて、立地条件は「暴れ川武庫川の恩恵」として、枝川と申川の廃川埋め立て地である川床地が最適地として決定した。

第二の条件として、グラウンドの土をどこで手に入れるか意見が交わされたが、これについても神戸市中部に流れる「生田川」が大きく関与していた。

翔太は、県土木課が編纂した『生田川の歴史と明治の改修工事』のページを繰った。

この川は、昔より「暴れ生田川」呼ばれ、武庫川と同様に古来より大雨の度に氾濫し周辺の村々に大きな被害を出していた。

生田川は、花崗岩でできた六甲山系の摩耶山、石楠山を源として砂子山の麓である馬淵で苧川に合流し、南南西に流れ、生田の森の東を通り、過去の洪水で土砂や砂利が堆積して出現した広野の東側を流れて生田の浦に注いでいた。

下流部では、洪水で運ばれてきた岩、砂利、土砂を掘り上げて造った堤防に松の木が植えられた。洪水でできた堆積地は相当な面積があったと言われている。

生田川は、普段は水量の少ない川であるが、大雨が降る都度に氾濫し周辺の村々に浸水し被害を出していた。しかし、反面洪水がもたらした生田川周辺の地域には、川底の「泥」が堆積し、水捌けの良い畑土となって、根菜類の栽培に適した地になり、本格的農地として大根の栽培が盛んに始められた。そして耕作地が増加し、一大ダイコン生産地となっていった。

後の甲子園球場建設にあたり、グラウンドの土を探し求めていたとき、御厨が偶然にも旧宅の周辺で見つけ「熊内の黒土」として工事関係者に教えたものであった。しかし、この生田川にも大きな転機が訪れるのであった。

幕末、神戸港が諸外国に向け開港すると、多くの外国人が神戸に住み着くようになり居留地が出現するが、生田川は、日本人であろうと外国人であろうが容赦なく襲い掛かった。大雨のたび、外国人居留地は洪水による被害を受け途方に暮れていた。そして何回かの洪水に被害を受けたとき、外国人たちは、いたたまらなくなり、とうとう兵庫県に対して「生田川の付け替え工事」を陳情した。

陳情を受けた県は、慶応四年（一八六八）六月十九日の「大阪兵庫外国人居留地約定書」や、同年八月二十三日の「神戸居留地覚書」で、生田川の管理は日本政府が行うものとされていた。そのため、県は改修工事を計画した。しかし、川の付け替え工事となると、その費用は十数万両という莫大なものとなる。如何せん、日本国と諸外国との取り決めのため、県は泣く泣く工事を実施しなくてはならなかった。

明治四年（一八七一）に生田川付け替え工事の認可が下りると、県は同年三月一日に工事を開始した。

工事内容は、熊内村字馬淵（現新神戸駅付近）から真っ直ぐ南下して、旧脇浜村地先小野浜海岸まで標杭を打ち、三月六日に一四戸の民家に立ち退きを命令した。

工事は、神戸の材木商を営んでいた加納宗七が三万六七〇両で請負い、三月十日に着工六月九日に竣工した。こうしてさしもの暴れ川と呼ばれた生田川も鳴りを静めるはずであったが、県の思惑通りには運ばなかった。この件については本編とあまり関係が無いので先に進む。余談であるが、兵庫県と生田川の闘いは昭和初期まで続くことになる。

生田川が付け替えられ、旧生田川の洪水に苦しめられた熊内地区は、その被害から解放され、現在は閑静な住宅地となっている。

翔太は、甲子園から帰ると十日後に、『甲子の曙』に出てくる熊内の大根畑を探すため、神戸市バスに乗り熊内を訪れた。しかし、一帯に田畑などは全くなく、住宅地になっていた。

「熊内の大根畑」も「熊内の黒土」も目にすることはできなかったが、甲子園球場に命の土を送り込んだ「生田川と熊内」は、現在は違った形でそれぞれの役割を果たしていた。

翔太は帰宅すると、『甲子の曙』を取り出し読み出すと、御厨基綱の出自とアメリカ留学の章に視線が止まった。

少年御厨基綱単身米国留学

御厨基綱は、慶応三年（一八六七）七月二十三日に兵庫県氷上郡黒井村で誕生した。幼少期から手の掛からない子で、小学校では勉学優秀で常に上位の成績を続けた。それが認められ、只一人小学校の校長について漢学を学んでいた。

基綱は、一六歳になったとき、夏季休暇を利用して兄の義三と神戸見物に出かけた。神戸の街では、山手に並び立つレンガ造りの異人館が目に飛び込んできた。その異人館周辺には、見たこともない出で立ちの外国人が往来を忙しく行き来していた。そして聞きなれない異国語が飛び交っていた。

そこでは、今まで体感したことのない異国文化が花咲いていた。基綱は、神戸の街に溢れている新時代の息吹を見て、驚きの感情を隠し切れず、身震いを覚え、思わず兄義三の手を握った。

「兄ちゃん、僕外国に行きたい、そして多くの国の文化や知識を学んで、その知識で日本国を発展させたいと思う」

基綱は兄の手を放し異人館街を指さした。

「そうやな、もうやんは賢いから外国で勉強して偉い人になったら良いわ」

義三は、基綱のことを一番理解しており、本気で彼の渡航を応援してくれた。

「うん、僕あんな大きな外国船に乗って世界中を巡りたいな」

基綱の夢が義三も自分の夢であるかのように思え、さらに後押しした。

そして帰宅後、基綱は義三の援護を得て両親と親類の人たちの理解を求めた。そして、両親は彼の固い決心を知ると、心配しつつも渡航を許し、親類の者たちにも渡航を許すように口添えしたのであった。

こうして、基綱は渡航の許しを得て、出発日まで残された時間を兄の義三に手伝ってもらい、渡航準備に費やした。そして。

明治十七年（一八八四）十月十日基綱は夢の実現を目指して、先ずは黒井村を出て東京に向かった。

東京での生活は、幸いにも郷里の親友であった山沖健二が居住する芝区愛宕の家に身を寄せた。そして、渡航のための準備として語学を学ぶのであった。

明治十八年（一八八五）四月、麻布の武蔵野英和学校に入学したが、さらに内容の充実を図るため八月に品川の育成学舎に転入学し、さらに別に数学塾に学び、無心に勉学に打ち込んだ。そして、渡航準備が万端整うと、明治十九年（一八八六）十二月二十二日、基綱は、横浜から外国船に乗り米国に向けて出発した。

そして、太平洋を一八日間掛けて渡り、明治二十年（一八八七）一月八日にサンフランシスコに入港した。

基綱は早速日本公使館を訪ね、自分の渡航目的を告げ、ここでの住居、働き先、そして学校について説明すると、公使館員は、ゆっくりと口を開き丁寧に案内してくれた。

「貴方のような渡航者をお世話してくださる施設がありますので、そちらをご紹介いたします。明日にでもお尋ねください」

「そのような施設があるのですか、是非ともお願いいたします」

基綱は、公使館員が口にした「貴方のような渡航者を世話する施設がある」という説明に少々驚いた。日本から自分だけがただひとり渡航してきた人間であるかのような錯覚に陥っていたからだ。それは、認識不足であったことを知った。

「はい、日本人福祉団体協会というところです。そこで貴方の事情を詳しく説明してください。あちらでは、一人一人の状況にあった内容の対処をしてくれます。よろしいですか、ここにアドレスと担当者の名前を書いてありますので、今からでも訪ねてください」

公使館員は、住所と簡単な地図を描いた紙片を基綱に手渡した。彼は、その足で日本人福祉団体協会を訪れた。そして渡米の理由を説明し、定住先や定職が定まるまでの仮の住まいの斡旋を依頼した。すると、協会側の日本人担当者は、説明を聞くと要領よく、協会の宿泊施設で当面生活するよう提案し、就業先と学校については納得の行くまで検討するほうが良いと告げられた。

「分かりました。それでは就業先と学校の件はよろしくお願いいたします」と深々頭を下げた。

協会からの連絡があるまでの間に、基綱は、サンフランシスコの街中を歩き回り、自分の目で近代的に発展した大都市を見聞した。

「これは、やり甲斐がありそうだ。ここまで発展した都市を、日本で造るには大変な労力が必要だ。いや、大変な国力がいるぞ。だが日本国を国際的な大国にするためには誰かがやらなければならない。そうだ自分がやらなければならない」

と一人心に誓うのであった。

二月一日、基綱は協会の紹介により、ハイド・ストリートのミセス・ルーカ方に、週給二ドルで住み込みの書生となり、朝六時から夜七時まで働いてそれから協会が主催す夜学校に通った。

この生活が数週間続いて、何とかサンフランシスコの生活に慣れたころ、協会から待ちに待った連絡が届いた。

「御厨さん、実はマーガレット・ストリートという方が、スクール・ボーイを探しておられてね、あちらがお急ぎのようでしたので、独断で私から貴方を推薦しましたら、あちらが是非とも明日からお願いしますと返事がありました。どうですか。もちろんスクールにも通える条件ですが、如何ですか」

協会の担当者は、基綱にこの話を告げ、今はこの話がスクールに行く早道であると。返事を待った。

協会担当者の話を聞いて、スクールに拘っていた基綱には迷いはなかった。

「分かりました。ではよろしくご手配を願います」

と深々と頭を下げた。

基綱は、二月の半ばで寒い季節であったが、ウイルトン・スクールに入学して、マーガレット家から通学した。しかし、真冬に毎日通学する距離としては、遠くて辛い日々であった。

時間が経つと、疲労が重なり勉強どころではなく、とうとう数週間で、このままでの通学は無理であると、雇用主のマーガレットに事情を説明して、マーガレット家を出ると、スクールの近くに居を移した。

そしてしばらく通学していると、ウイルトン・スクールのチャールトン先生の勧めがあり、先生の家に住み込んで働きながら勉学を励んだ。

基綱は、こうして勉強が十分できる環境を求め、転居と転職を繰り返したが、その結果、九月一日の新学年が始まる朝に、学業成績がトップになったことが発表され、学校でナンバーワンの褒章を貰った。しかし、彼は、人生には喜びと悲しみが表裏一体であることをつくづく思い知らされるのであった。

十一月二十六日、郷里の母が死去したと電報が届いた。帰心の思いは大きいが、日本までの八千キロ余りの距離はどうすることもできなかった。基綱は悲しみのあまり毎日涙をこらえていたが、時間は刻々と過ぎていった。

明治二十一年（一八八八）六月十二日ウイルトン・スクールの卒業式がやって来た。母の死後、悲しみを忘れるため、この間必死に勉強に打ち込み、人一倍努力した。

基綱は、次の目標であるハイスクールの入学を目指して、休む間もなく猛勉強を続けた。その効果が大いに発揮され、物の見事に目指すハイスクールに入学した。そして、友人たちの勧めもあって日本人主催の学生援護会に入会した。そこでもやはり人種差別があり苦しい生活に追われることになるが、彼は持ち前の精神の強さを発揮し、さらに負けず嫌いもあって、差別と勉強にと、闘い続けるのであった。

明治二十三年（一八九〇）五月十五日ハイスクールでスクール一の最高の成績を納め、自身の存在と実力を見せつけたのであった。そして渡航の最大の目的であった日本国の発展のため、産業の振興を促すために、次は機械、電気、鉄道、電気鉄道の技術を習得し、それぞれの分野で貢献できるように専門学を学べる大学を求めて調べた。そして今はスタンフオード大学に入学すべきと、機械工学のコースを選択し、電気工学を専攻することにした。

しかし、人生は思い通りにならないもので、またもや病魔に取りつかれたのであった。

明治二十四年（一八九一）十一月末ごろから、慢性胃腸カタルを患いサンフランシスコの病院でドクター・ランバートの治療を受けざるを得なかった。治療費と時間を要して生活が苦しくなったが、友人や協会の人々の助けにより、しばらくして病魔から解き放されると、スタンフォード大学を中退して、今度はパデュー大学の電気工学科に入学した。明治二十七年（一八九四）六月六日、基綱は、長年の苦労が実り、パデュー大学を無事卒業した。渡米以来多くの職業に就き、世情の難しい仕組みを体験しながら、勉学に全力を投入し、最悪の病魔と闘いながら八年を費やして、米国の文化、産業、貿易業、鉄道、電気工業、電気鉄道を学んだ。そして、帰国すると国家の発展に向けて全力で打ち込むことを誓うのであった。さらに頭に思い浮かぶのは、西洋人と日本人の体躯に大きな開きがあることであった。

ハイスクールでも大学でも、スポーツイベントでは、米国人に太刀打ちできなかった。体力や運動能力とスピードは米国人には遥かに劣っていた。

何度挑戦しても歯が立たない、悔しい限りであった。それを解決するには、体躯の向上しかない。だが、その方法として一番効果があるのはなにか、基綱はその回答を既に何度も経験していた。負けては泣き、悔しがり、涙した、そうだ「スポーツ」だ。彼は確信した。

しかし、現在の我が国には本格的なスポーツ施設が十分に完備されていない。なら、どうすれば解決するのか、自問する基綱は、

「まずは電気工学を生かした電気事業と電気鉄道の敷設を行い、鉄道業を成功させた後にはスポーツを中心にした地域開発を行う、沿線に人口を集め、そして街造りを完成させる究極的な鉄道敷設を手段とした沿線開発だ」

と考えついたのであった。この夢を胸にして、

六月七日、基綱はサンフランシスコから汽船で帰国の途に就いた。太平洋は彼の前途を開示するかのように十六日間の船旅は穏やかに過ごすことができた。

「相当な差別があったろうに、基綱爺さん、日記に差別の内容は記していないが、大変な苦労をしたんだろうな」

翔太は、基綱の八年間の留学を自分の大学生活と比較したが、とても比較できるものではないと頭を振って思いを打ち消した。

外山脩造と御厨基綱

明治二十七年（一八九四）七月二日横浜港に着岸した。基綱は、帰国手続きや雑務を片付けた後、東京芝区の旧友を訪ね帰国報告や、米国の友人や恩師に無事帰国したことの通知や感謝の電報を打つなどの挨拶に追われていた。そして時間ができると帰郷した。

黒井村では、父や兄や明石の次兄夫婦など、主だった親類の者たちに帰国の挨拶をし、祖先の墓前に全員揃って両手を合わせた。特に、基綱は真新しく刻まれた名を指でそっと触れ母の思い出に浸っていた。

郷里での帰国挨拶が一段落すると、近畿三県に足を延ばし観光がてら町中の変化を見て回った。そして八年間米国で学んだ電気工学が、故国日本で始動可能か否かの見聞に数カ月を費やした。

九月に入ると、基綱の下に東京芝区の旧友から呼び出しがあり急ぎ上京した。東京では、旧友の蒲山昌一郎が、米国帰りの彼をいつまでも無職で遊ばせておくのは、日本国の損失であると、至るところで褒めたたえ売り込んでいた。

すると蒲山の売り込みに効果が表れて、一人の人物から連絡が入った。その人物は当代一と言われている工学博士の杉岡邦介であった。

杉岡は、御厨基綱のことを蒲山昌一郎の売り込み活動で知り、早速蒲山に連絡した。

「蒲山さん、貴方が推奨している御厨さんはどのような方かお聞きしたい。実は私は現在大きな事業を計画しておりますが、如何せん、現在の我が国に、その事業に携われるほどの知識と技術を持った人材が見当たらない。どうですか、御厨さんはその人物に値しますか」

杉岡は率直に質問した。蒲山はその質問の答えとして、自分が見てきた御厨基綱の全てを語った。

「分かりました。御厨さんは米国のパデュー大学の電気工学科を卒業しておられると、お聞きしました。合格です。それでは、明日の午前十一時に面談することにいたしましょう」と杉岡は一方的に面談を決めたのであった。

翌日、御厨は約束の時間に、電気倶楽部の杉岡の部屋を訪ねた。そして面談が始まった。だが、杉岡からは自己紹介もなく、いきなり仕事に関しての注文が飛び出した。

「御厨さんは、電気技術者と蒲山さんから聞いておりますが、電気器具の設計と電気鉄道の部品を作れますか」

と唐突に得意分野を質問されたため、いきおいむきになり返答した。

「電気器具や電気鉄道の部品なら全て作れます」

その回答を御厨本人の口から聞きたかったため、直接自信ありげな回答に、安心した杉岡は早速事業の話を持ち出した。

「実は、来年京都で第四回内国勧業博覧会が開催されるが、それまでに京都市内に電車を走らすようにと国から依頼されてね、現在計画を進行しているが、如何せん、技術者がおらんのだよ。今居る職人は電車というものを見たことがない、だから車両がつくれんのだよ、どうだろう、君が車両を造ってくれんかね」

基綱にとっては自分の得意分野のことを提案されたので、依頼を断る理由はなかった。

「分かりました、このお話をお受けいたします」

との即答に、笑みを満面浮かべた杉岡は、基綱の手を取り何度も頷くと

「よろしい、誠によろしい、私と京都に電車を走らせましょう、君も電軌鉄道を走らせるために米国で苦学し知識と技術を深く研鑽されたと思います。一緒に造りましょう」

このときの二人の問答が、この先、日本国で電軌鉄道の敷設が盛んになるきっかけとなったのである。

その前に、当時日本政府は、近代国家を目指して工業化を促進させると同時に、都市間を結ぶ道路網と鉄道の敷設を国策として、民間にも鉄道建設を奨励していた。

そのような国状の中、京都の実業家である崎岡弘哲が中心となり、多くの名望家が集まり「京都電気鐵道会社」を設立して、京都七条停留場（現京都駅）から伏見下油掛停留場までの間に軌道敷設の申請を行った。その結果、明治二十七年（一八九四）の年内に許可が下りた。

同社は、早速軌道敷設、電気の供給について協議を重ねた。しかし、ここで嘘のような本当の話がある。

翔太が、資料の阪神電気鉄道株式会社社史『輸送奉仕の五〇年』を読み解いていく中で、御厨基綱の回顧談に目が留まった。その記述が面白かったので、途中で笑ってしまった。

その内容は、御厨基綱曰く

「私は、電気一般を研究して約一〇年ぶりに米国から帰ったが、まだその頃は一般にこの方面の知識は幼稚なもので、せっかくの新知識も役立てる機会さえ無かった。…」と。

「基綱爺さん、困惑しただろうな」

御厨は当時、日本の電気機械に関する技術と知識は全く皆無に等しかったと述懐している。

当時の実業家や企業発起人たちは、まずは申請特許許可で走り回り、電気軌道施工に必要な知識と技術を身に付けた人材の確保は後回しであった。


明治二十八年（一八九五）国は、産業の振興策として、京都で第四回内国勧業博覧会の開催を決定し、同時に、電気鉄道の敷設と営業運転についての計画を、時の電気工学界の権威であった杉岡邦介に依頼した。

しかし、杉岡には、頭の痛いことがあった。電軌鉄道の計画と設計は自分が行えるが、それを実行する技術者が周りには皆無であった。

だが、計画の進行は技術者不在でも着々と進んでいった。特に軌道の建設は二カ月ほどでほぼ完成したが、肝心の車両の建造が上手くいかなかった。困り果てた杉岡と会社役員たちは頭を抱え込み思案したが、車両製造に携わることのできる技術者を全国に探し求めた。

その結果、御厨基綱は、杉岡に協力して、京都電気鉄道の車輛設計と製造に携わった。苦心の連続だったが、京都で日本発の電車を走らせることになった。こうして電気鉄道の夜明けが訪れ、一番電車が走るころには、東京、名古屋、福岡、広島他全国で電気鉄道敷設特許申請合戦が始まった。

明治二十八年（一八九五）二月一日、時速六マイル（九・六〇九キロメートル）のノロノロ電車が動き出した。まるで玩具のような電車であった。

御厨基綱は、京都電気鉄道の開業に漕ぎつけると、日常の運行と車両整備は若い技術者に任せ、自分は全国から依頼を受けた水力発電の建設や、電気の通電工事に飛びまわっていた。そして四年が経過したころ。

明治三十二年（一八九九）五月三日に大阪神戸間に開業目的で電気鉄道の設立を申請した会社があった。その企業は、「摂津電気鉄道株式会社」で同年六月十二日に国より免許が下りた。当該企業はさらに、同年七月七日に社名を「阪神電気鉄道株式会社」に改称したのであった。

同社の初代社長・外山脩造は、阪神電鉄の営業運転を控え、全てにおいて遺漏無きように行うため、より多くの人材を確保するため動き出した。

特に、自分も関係した「京都電気鉄道会社」の設立と開業に当たって一番困ったことは専門の技術者が不足していることであった。

当時は、電気鉄道に卓越した技術者が少なかったことに起因して、多くの鉄道会社開業発起人たちは、技術者の確保に四苦八苦していた。

当時の国は、鉄道敷設の特許申請に対して、意外にも申請者に簡単に特許権を交付していた。しかし、軌道の敷設や電気の配電と車輛の製造については、専門的知識や技術については、事務方の手に負えるものではなかった。自力では車両一台も製造できない有様で、全て海外からの輸入に頼っていたが、輸入先の欧米各国が繰り広げる侵略戦争の結果、世界の秩序が不安定化し、その影響のため世界貿易が停滞した。結果日本から注文した車輛本体や電気関係の部品が届かない状況にあった。

京都電気鉄道会社も車両の自社製造と輸入の両面で計画したが、自社製造は技術者の不足と、部品の調達に時間を要し、車輛の完成までには至らなかった。開業の期日が迫っているのにどうにもならなかった。関係者は困り果てたが、それを御厨基綱が解決し開業運転に漕ぎつけたのであった。

外山は開業までの苦労が骨身に染みて、同じ苦しみを回避するため優秀な技術者の確保に全力を傾けた。

そして、京都電気鉄道会社の営業状態が漸く一段落したことを見計らうと、発起人仲間の崎岡弘哲に、御厨基綱を「摂津電気鉄道株式会社」技術長として招聘したい旨を打ち明けて力添えを依頼した。

崎岡弘哲は、外山の申し入れを杉岡に相談した。杉岡は、御厨基綱をさらに大きな舞台での活躍を考えて諸手を挙げて承諾した。そして杉岡は、電気設備の設置や水力発電の開発に全国を飛び回っていた御厨を呼び戻して外山脩造の願いを伝え、さらに外山に協力するように進言した。

結果は、御厨が、外山、崎岡、杉岡三人の顔を立てて、摂津電気鉄道株式会社に入社を決意した。

そして杉岡には、外山への返事は自ら行いたい旨を伝えた。

明治三十二年（一八九九）六月一日の朝九時に、神戸市栄町六丁目の摂津電気鉄道株式会社の本社に、社長外山脩造を訪ねた。

出迎えた外山は、挨拶もほどほどに立ち上がると両手を差し出して、髭の間から口を開いた。

「良く来てくださいました」

二人は、今まで全国で電気事業、水力発電の開発で協力し、そして起業してきた仲間で、人となりはお互いに十分理解していた。

「このたびは、お声がけくださいまして感謝いたしております」

二人は、さらに強く手を握り合った。

「入社を承諾いただき、ありがとうございます」

外山はもう一度頭を下げた。

こうして御厨基綱は、摂津電気鉄道株式会社の技術長として入社をすることになった。そして、出社して数日後の七月七日に社名が変更になり、「阪神電気鉄道株式会社」になった。

御厨は技術長として、開業に向けてまずは「阪神電鉄敷設工事設計書」の確認を行ったが、その内容があまりにも稚拙なもので、作成者の能力の低さに怒りを露わにし、解読を進めるに従って設計書に哀れさを感じた。

しかし、この設計書の作成者は御厨の恩師であり、現在は日本でただ一人の電気工学博士である杉岡邦介が手掛けたものとは信じられなかった。

杉岡がこの設計書を作成するについて、どういう意図が働いたのか、今の御厨には考えが及ばなかった。彼は杉岡への個人的な心情と、自分の使命と思っている日本の発展と天秤に掛けるつもりは毛頭なかった。しかし、自分が費やした米国での八年間を振り返り、毎日、血反吐を吐くほどの苦労を我慢しての勉学に励んでいた日々を思い出して、杉岡の設計書を認めることができなかった。

当時、鉄道敷設に関する「電気鉄道敷設条例」によると、「国道上に鉄軌ヲ布設シ、一般運輸ノ業務ヲ営むモノトス」と第一条に記されている。要約すると、既設道路上の敷設を前提とし、軌道幅は内法三フィート六インチの狭軌と定められていた。そして速力は一時間八マイルを超過することはできないと決められて、客車貨車は「独行ニシテ」二両以上の連結は禁止であった。この条例の遵守こそが「特許命令書」を受容するための条件であった。

また、当時政府内では鉄道敷設に関して、既存の鉄道と民間の鉄道が併線することに大いに危惧され、併線反対派と賛成派がいがみ合うほどに紛糾していた。

杉岡博士は、この二つの理由を考慮して政府を必要以上に刺激することを避け、「軌道敷設願い」の申請書を作成し、逸早く「軌道敷設特許」を得るための一点突破を狙った策であった。

その結果、明治三十年（一八九七）六月二十九日に何とか「特許申請」が認められ、命令書が下された。約四年を要した作業であった。

しかし欧米の近代化のスピードは目を見張るような速さで、いずれ日本においても電気鉄道化、スピード化、大量輸送化の時代になることは間違いない。

御厨は、欧米では当たり前になっている、都市間を結ぶ高速電気鉄道の仕様は、まず広軌（一四三・二インチ）で、車輛は複数連結しボギー車での高速運行を行い、大量の乗客と物資を輸送することであると考えていた。

だから御厨は、外山社長から手渡された「摂津電鉄工事設計書」を受け入れられなかった。それでも自分の考え方と共通するものがないか探し求めたが、それは皆無であった。ただ、この「摂津電鉄工事設計書」は近代化のスピードに乗り遅れた陳腐な代物であると確信しただけであった。

御厨は残念で仕方なかった。尊敬する杉岡博士の作成した設計図を自らが外山社長に廃棄を提言することになり、悲しくも、情けなさも、悔しさも胸に秘めて社長室に向かった。

社長室の前に立った御厨は、高鳴る鼓動のためかドアをノックする力が強くなり、大きな音を立てて鳴った。しかし、室内からは意外にも低い声で返答があった。

「どうぞ、入ってください」

の声に、彼はドアを開け室内に入ると社長は専務の山河と会話中であった。

御厨は、室内には外山社長一人であると思っていたので、山河専務の姿を見て少々戸惑った。

「どうした御厨君」

外山社長は穏やかな声で問うた。

御厨は、外山社長の問いには答えず山河専務の顔を見つめていた。すると外山は山河専務に対して在室の同意を求めた。

「山河専務もご一緒に、彼の話を聞いてください」

外山は御厨の心中を察して、山河専務に同席を求めた。山河は社長の一言に同席を断る手段を思いつかなかった。

「御厨君、山河専務も話を聞いていただけるそうだ。どうぞ遠慮なく話してください」

二人の了承を得た御厨は、気持ちが高揚したまま、少し大きめの声で話し出した。

「社長、専務、失礼とは十分認識いたしておりますが、先日いただきましたこの『摂津電気鉄道工事設計書』について些か私の愚見を申し上げたく参りました。社長、この設計書はいけません。全く話になりません。この先の時代にはとても使い物になりません」

御厨がここまで一気に話すと、外山は彼に一息つかすための間を取った。

「ほう、使い物になりませんか、ではどこがどうして使い物にならないか、我々に分かりやすく、そして詳しく説明してくれないか」

外山の間合いに、御厨はゴクリと生唾を飲み込み、深呼吸を一つした。そして再び話し出した。

「この設計書の内容では、現在、大阪神戸間は汽車が走り、大量の乗客と貨物を運んでおります。これに勝つには明治三十一年に公布された『私鉄鉄道条例』によって、軌道幅は広軌の四フィート八インチ半で良いとなっております。ですからわが社の電車は、専用軌道を敷設し、広軌でスピードの出るボギー車で大阪神戸間を一時間以内で突っ走り、大量の乗客と貨物を運ばなければ、現在走っている官営の鉄道に太刀打ちできないばかりか、営業も成り立たない。全く話になりません」

御厨は、今度は外山に間合いを取らせまいと一気に説明した。外山はその間、目を閉じたままで彼の説明を一言一言に、頷いて聞いていた。御厨が顔を真っ赤にしての熱弁に頬を緩め何度も頷いて、さらに先を求めた。

「では君の考えを実践すれば、この先同業他社や世間に対して恥をかかなくて済むということだね。山河専務は、彼の説明をどの様に聴きましたか」

外山は、先ほどから仏頂面を隠そうとしない山河に声を掛けた。すると山河専務は外山のその言葉を待っていたかのようで、熱く話し出した。

「社長、御厨君が説明した内容はとても認めることはできません。この件は既に、明治三十年に杉岡博士に作成していただいた『摂津電鉄工事設計書』で、国から認可を受けております。一部に資金も投入しております。今更変更なんぞは無理な話でございます」

山河は、不満な表情を満身で露わにして反対した。

しかし、御厨も負けてはいなかった。阪神電鉄が時代から取り残されて惨めな企業と世間の晒しものになることだけは避けなければならなかった。

「社長、専務、我が国はこの先世界に追いつけ追い越せという時代に突入するでしょう。その時になってわが社は陳腐な電車を走らせている状況に、慌てて打開策を探すことになると思いますが、それでは間に合わない、世間から取り残されて面目も丸つぶれ、一人後悔しても後の祭りです」

御厨の話はますます熱くなり、山河も専務の立場を忘れ声高になった。

「時間がない、投資者に対しても納得いただけるような説明が必要です。やはり無理ですな」

「無理ではありません。社長と杉岡博士が動いていただければ可能です。どうか早急に計画変更を願い出てください」

御厨は強引に結論付けた。この時外山社長は二人の間に割って入ると議論を止めた。

「分かった。分かった。このままでは私の大切な人同士が、いがみ合うことになると困りますので、議論はここまでとしましょう。山河さん、この後どのようにすれば上手く行くでしょうか」

と専務の顔を立て、この後の手立てを聞いた。

社長に解決策を打診された山河は、少し冷静さを取り戻し、専務の顔に戻るとゆっくりとした口調で話し出した。

「社長、いずれにしましても、話が話だけに緊急議題として次回の役員会に提案しなければならないでしょう。但し、御厨さんの話の内容が大変なことであるため、役員会は紛糾することは間違いない。社長そのお覚悟を」

と言った後、山河専務は不安気な表情をした。

外山は二人の顔を交互に見た後、先ほどの穏やかな様子が一変し、険しい表情で口を開いた。

「本日の議論は、有意義なものでありました。若者らしい斬新な意見と、会社を思う専務の態度には頭が下がります。感謝の一言に尽きます」

と言った後、外山は両名の手を取り何度も頷くのであった。

二人が社長室を出ようとしたとき、背後で外山社長の声がした。

「山河専務、次の役員会はいつでしたか」

その声に振り返った山河は、外山の前まで戻ると手帳を繰って答えた。

「次の役員会は七月十二日午前一〇時から、本社の会議室となっております」

と答えたものの山河は不安な表情で外山に質問した。

「社長、もしかして、次の役員会に本日の御厨案を議題になさるおつもりですか」

その山河の質問に軽く頷いた。

「そのように思っています。当日は御厨技術長も参加してもらって、自ら設計書の変更案を説明してもらいます。専務、手配のほどよろしくお願いいたします」

二人は、それぞれの思いを胸にして社長室を後にした。

七月十二日午前一〇時から通常役員会が神戸開業事務所の会議室で始まった。役員会の議長は外山社長で、議事の内容は、開業準備の経過報告、承認案件の審議と他株式の払い込み通知とその期限についてであった。議長の外山社長は、経過報告と承認案件の審議、株式の払い込み及び期限については三〇分程で処理し、残すは提案案件審議に時間を費やした。

「それでは本日の最後の案件について審議いたします。山河専務から提案説明をしていただきます」

外山は、神妙な表情で山河を指名した。

「では議長のご指名によりまして、私からお手元の資料に基づきまして主旨説明と、その決議を求めるものであります」

山河は、事前に御厨技術長と外山社長と三人で詳細な打ち合わせを行っていたため、主旨説明は淀みなく話し出した。

「主旨説明に入ります前に、一つご報告がございます。本日の案件であります、阪神電鉄工事設計書の変更についてのことでございますので、変更の提案者であります御厨技術長同席のお許しをいただきたいと思います」

山河が承認を求めた役員会への、御厨同席については、役員全員承認した。

山河は続いて主旨内容について説明した。

山河の説明は三〇分ほどで終了した。その後、外山議長は間髪を入れず議事を進行した。

「では、『阪神電鉄工事設計書』の変更案に付きましてご意見を承ります。ご意見のある方挙手願います」

図太い声の取締役が手を挙げた。

「どうぞ、小岩原取締役」

議長から指名を受けた小岩原は、立ち上がると太い声で質問した。

「御厨技術長には失礼と思いましたが、大変重要な案件ですので、敢えて質問させていただきます」

と十分前置きをして小岩原はゆっくりと話し出した。

「技術長、貴方の提案内容を拝見しましたが、今まで政府も鉄道会社の何れもが公表していないことなので、今ここで判断のしようがない。全く、海のものとも山のものとも分からない代物に、大切な資金を注ぎ込む訳にはいかない。皆様も同じ考えと思います。私はここではっきり申し上げます。御厨技術長案を反対致します」

小岩原の反対表明に他の重役たちも同調した。

「反対します」

「私も反対です」

七嶋取締役と向山取締役が反対を表明した。そして、次に手を挙げたのは松田幾太郎取締役で、彼も反対した上でさらに御厨技術長の人間性について苦言を呈した。

「技術長、貴方の考え方は横暴であります。工事設計図は、現在杉岡邦介博士が策定した『摂津電鉄工事設計書』に基づいて開業準備を進めています。何を今さら、実績もない新人電気工学技術者が作成した設計図など、とても採用できるものではありません。もし採用したならば、杉岡博士の面目丸潰れではないですか、聞くところによると貴方は杉岡博士を師と仰いでいると聞く、その師が作成した設計書を土足で踏みつけるようなことをして、貴方の人間性を疑います。よって、私も反対です」

「そうだ。人は受けた恩は死ぬまで忘れてはならない。ましてや受けた恩を仇で返すようなことをしては、人の道を外すことになる。松田取締役のおっしゃる通りです。私も反対だ」

監査役の巽悟一郎が松田に同調したとき、加藤長治郎取締役が一人賛成発言をした。

「新進の若者の案、この混沌とした時代だから新しいことをやる価値はある。しかしながら成功の確率はいかほどのものか、勝算があれば私は賛成です」

加藤の賛成発言が終わると、突如御厨が立ち上がり発言した。

「確率のほどは分かりませんが、私には自信があります。どうか信じて私の設計書をご承認ください」

御厨の発言を議長の外山は声を少し荒らげて止めようとした。

「静粛に、御厨君発言を止めたまえ、静粛に願います」

議長の大声で御厨も発言を止めた。静寂になった室内に、しわぶき一つ無かった。

「今まで、長時間にわたり、本日の案件『阪神電鉄工事設計書』の変更について、皆さんから賛否のご意見を承りましたが、ことはわが社の開業に大いに影響がありますので、ここで、社長であります私の意見を聞いていただきたい」

外山は先ほどの険しい表情は消え、柔軟な面持ちで話し出した。

「先ほど、小岩原取締役が発言の中で、海のものとも山のものとも分からない代物とおっしゃいましたが、全くその通りです。しかし私は時代を考えますとこの案が時代に乗った案に見えてきます。私は、事業というものを成そうとするとき、それは誰もが手掛けていないものだから勝機があり収益も大きくなる。商売というものはここぞと思うときに金をつぎ込み商運を引き寄せる。そして、大儲けすることが商売であります。この案は実に絶妙に仕上がっております。私はこの案を実行したいと思っています」

外山の口ぶりは次第に声高になり、胸を張った自信に満ちた態度に、反対していた重役たちは俯いて黙した。

外山社長の声高は、明治元年の戊辰戦争で幕府側に付いた長岡藩の一兵卒として、河井継之助の学僕として政府軍と闘ったときの、戦場仕込みがよみがえったようだった。

静まり返った室内に、続いて外山の声が響いた。

「では、私の結論を発表いたします。この案件に付きましてはまだまだ不安に思っておられる方たちのお気持ちを考慮しまして、電気鉄道の先進国であります米国の鉄道事情を調査して、その調査結果に基づいて、原案か変更かを決定いたしたく存じます。その調査の責任者を御厨技術長に決めたいと思いますが、皆様いかがでしょうか」

外山社長の熱弁に、まず山河専務が拍手した。続いて賛成を表明した加藤長治郎が立ち上がって拍手すると、居並ぶ重役たちも立ち上がり外山に向かって拍手した。

「皆様ありがとうございます。では早速米国へ調査のため技術長を派遣いたします。本日はありがとうございました」

こうして、取締役会が終了した。時刻は午後一〇時を少し回っていた。

明治三十二年（一八九九）九月二日、御厨基綱は米国の鉄道に関する調査のため横浜港を出航して、翌年、明治三十三年二月一日に帰国するまでの約四カ月間に、ニューヨーク、シカゴを皮切りに二七都市を調査し、都市間交通産業他近代産業の発展策について、多くの調査結果を持ち帰った。その結果に基づいて「阪神電鉄工事設計書」はさらに近代化された内容に充実されたものになった。

そして、三月に取締役会が招集され、変更された「工事設計書」が重役たちに披露された。しかし、以前の反対者は前回の役員会で外山の勢いに押されて変更案に賛成したものの、やはり不安を隠し切れず、今度は、当初は現行のままで開業に漕ぎつけその後、政府の動きや同業他社の状況を見て変更を考えてはどうか、と少し後退した意見が出された。

しかし、今回も外山社長の強引な熱弁により変更案は可決された。

御厨は役員会で可決された「阪神電鉄工事設計書」の変更手続きを行うため、それは最も安全であり、確実な方法と思われる手段である、社長自らその作業に携わって貰うことである。

外山社長は、御厨から差し出された「工事変更申請書」を受け取ると、何の戸惑いもなく机の上に置くと、彼の顔を見て確認した。

「同じ質問をして悪いが、君はこれについて本当に自信があるのかね」

「はい、世界の流れとなっています」

この二人のやり取りの後、外山は一人、人知れず国との苦しい戦いに時間を取られるのであった。

外山は、変更申請書を手に政府の担当官僚を訪ねて、早速書類の束を手渡すと説明を始めた。しかし、官僚は外山の説明を十分に聞くこともなく、また申請書の束も外山に返した。

「これは受け取れません。内容が全て『私設鉄道条例』に違反しております。変更許可は不可能ですな」

官僚は、そっけなく言うと席を立って自分の机に戻って行った。

外山は、その官僚の机の傍まで行くと、まずは変更理由を聞いて欲しいと願い出た。外山の申し入れに、官僚は面倒くさそうに言い放った。

「今日は、これから大切な会議がありますので日を改めてお越しください、そうですね明後日の午前一〇時頃なら時間が取れますが、如何でしょう」

外山は官僚の指示に従うしかなかった。

指定日の午前一〇時には、待合室に座っていた。そして名前が呼ばれると受付テーブルの前で官僚と対面した。そして不機嫌そうな官僚に対して工事変更内容を説明した。

「軌道は国道等の併用とありますが、それを専用軌道に、鉄道の幅は狭軌から広軌へ、速度も低速から高速へ変更をお願いしたい」

現在の「私設鉄道条例」から考えると変更自体は不可能であったが、それを可能にするための交渉であった。外山は、不機嫌な感情を隠すこともない官僚を無視して話し続けた。

「国内の経済活動の活発化、関西圏における商工業活動の推進、地域住民の文化活動に一助することは、全て、この『阪神電鉄工事設計書』の変更案に網羅されており、これからの日本国の発展に寄与することは間違いございません」

外山は、力強くそして詳らかな内容をとくとくと説いた。しかし今回も却下された。

「遵法精神でもって計画して申請してください」

官僚の一言であった。しかし、外山は諦めていない、役人根性に振り回され、忌々しさを胸に収めて、再度日を改めて官僚の前に座っていた。

しかし、担当官僚が人事異動となり新任の官僚が現れた。

「前任者から聞いておりますが、駄目なものは駄目なんです。いい加減諦めてください。私たちも仕事が多くて大変なんですから。もう諦めてください」

と言い残して席を立った。

しかし、外山は数日後、新任官僚席の前にある椅子に座っていた。ところが、今日は今までの雰囲気とは全く異なった空気が漂っていた。官僚が何か戸惑いを見せながら姿を現した。そして外山の挨拶を受ける前に口を開いた。

「外山さん、昨日『阪神電鉄工事設計書』の変更申請書が受理され、今日付けで変更が認可され工事施工命令書が交付されました。ここにお持ちいたしました。どうぞお受け取りください」

外山は、呆気に取られて暫くの間、言葉が出なかった。官僚は外山の戸惑う様子に申し訳なさそうに、その理由を語りだした。

「外山さん、誠に遺憾な話ですが、実は『私設鉄道条例』全般の見直しが明治三十年の暮れに行われ、今回貴方が申請した工事設計書の変更内容は、改正条例に『その地域の状況を鑑み審査には柔軟且地域性の特徴を考慮して拡大解釈を行い申請者に配慮すること』に合致するため許可に至りました。実はこの通達書を前任者が金庫に入れてあるのを忘れて、貴方と話し合いを続けていたのです。誠に申し訳ございません。では変更申請の認可書と変更設計書による工事命令書をお受け取りください」

外山は、この出鱈目な取扱いに心底怒りを覚えたが、平静さを装い

「ありがとうございました」

と礼をいい認可書と工事命令書を受け取り、官庁を後にした。

官僚の無気力な仕事ぶりに失望を感じつつ、今は開業に向けて全力で走ることを考えながら開業事務所に向かって歩き出した。

外山の何事も諦めない不屈の精神が、暗愚な官僚天国を打ち破り日本の鉄道界に光明をもたらしたのである。彼は、この交渉の中で受けた恥辱や、砕け散った誇りについて、生前は一切語らなかった。

この後も、阪神電鉄が開業するまでの間、紆余曲折があり苦難の連続であったが、明治三十八年(一九〇五)四月十二日開業し、目出度く一号電車を走らせたのである。

翔太は、基綱の英文日記、阪神電鉄の社史、『甲子の曙』を机上に並べて読み漁った。

「基綱爺さん、貴方の精神力は並大抵ではない。少し強引なところがあるけれど、それを認めている人たちが周囲にいたことが幸いした。特に外山脩造社長の存在は特別であったようだな」

この後、御厨基綱は外山社長との約束を果たすため全身全霊で走り出すのであった。

長年の夢に向かって始動

御厨基綱が、明治三十二年（一八九九）に、摂津電気鉄道株式会社に入社して丸六年が経過していた。

「良くできました。素晴らしい走りです。外山さん、貴方と私で造った電車が走りましたよ、どうですか満足されていますか、良い電車ですよ。では貴方との約束である次の事業に取り掛かりたいと思います」

御厨は、大阪中之島の屋敷で病気静養中の外山社長に、心の中で語りかけた。外山と御厨の間で交わされた約束というのは、御厨が入社して三カ月後の九月に、米国へ鉄道敷設の調査のため派遣されたとき、実は外山社長の指示で電気鉄道の視察のほかに調査対象があった。

それは、総合スポーツセンターで、特に野球用スタジアムや、競技場、プール、テニス場ほかのスポーツに関した施設とその運営方法を研究調査も命じられていた。

当時の米国は、御厨の目にどのように映ったか、まずスポーツ全体を国民全てが認めているエンターテインメントで、プロフェッショナルとアマチュア両面で運営されている。アメリカンフットボール、ベースボール、バスケットボールと、アマチュアで運営されているトラックとフイールド競技、水泳競技が盛況に行われていた。

「よし、電気鉄道の後はスポーツだ。日本人の体躯育成に最も適合するものだ。まずは総合スポーツセンターの建設が急務で、続いて野球場等のスタジアム建設だ」

御厨は、米国から帰国すると、早速外山社長に報告した。外山社長は、彼から聞く米国の状況と見事に纏め上げられた調査結果報告書に大満足した。

自分も、明治二十年ごろに、電軌鉄道、ビール産業、石炭石油産業の視察のため欧米に数カ月間滞在して調査を行った経験があり、西洋事情に精通していた。

「素晴らしい、何とも素晴らしい構想だ。これからの日本人には絶対必要とするものだ。私も戊辰のころ、横浜で見た異人の体躯に驚いたものだ。黒船もデカかったが、異人たちもデカかった。もし、あのとき、彼らと戦になり闘ってもまず勝てるわけがないと、つくづく思ったものだ」

外山の顔は、戊辰戦争を思い出したのか、頬が少々引きつっていたようだったが、すぐにいつもの笑顔となって御厨の手を握っていた。

「やり給え、私は賛同します。君こそがやらねばならない仕事だ。大いにやり給え」

と外山は諸手を挙げて応援した。

御厨は、大きな味方を得て勇んで、まず電気鉄道敷設に全神経を集中して、計画した工事を進めて行った。そして、明治三十八年（一九〇五）四月十二日、大阪―神戸間で営業運転を始めた。

社長外山脩造は、病気療養のため中之島の屋敷で、孫の修を膝の上に置いて、一番電車の汽笛を聞いていた。外山は、一一年後の大正五年（一九一六）一月十三日阪神電鉄の盛況を見て安堵して逝去したのであった。享年七五。

御厨にとって、外山脩造は起業家の先駆者であり良き理解者で、そして何よりも代えがたい師であった。

明治三十八年四月十二日、阪神電鉄が開業し、当初から営業収益が想像以上に伸び、経営陣は胸を撫でおろしていた。そして開業後一〇年が経過したころ、当時の社長が、御厨基綱の提案を実施するときが来たと決心した。そしてある日社長室に御厨を呼ぶと、今後の会社経営に鉄道業以外で、御厨が従来から提唱していた沿線開発に着手することを指示するのであった。

「貴方が日ごろから提唱されていた沿線開発に着手することに決めました。ついてはこの開発計画の責任者として貴方が陣頭指揮をして、開発に取り組んでいただきたい。よろしいですね。頼みましたよ」

社長の一方的な指示であったが、御厨には心地よい響きであった。

「分かりました、誠心誠意、全力を持って取り組ませていただきます」

と返答すると社長は
「全て貴方にお任せいたします」

社長は両手を差し出して握手を求めた。その態度は御厨に対して全幅の信頼を寄せているようだった。

御厨は早速動き出した。沿線開発は、尼崎と西宮一帯の開発だった、尼崎は既に工業化に向けて県と市は開発を行っていた。西宮市に至っては、従来からの灘五郷を拡充して地元の名産品として鉄道を介して全国に流通を図っていた。御厨はそれらとは別に、外山と自分自身の夢であるスポーツセンターの開発を始めるのであった。

まず候補地として目を付けたのが、武庫川河畔の鳴尾村の広大な平地に設置されている

「鳴尾競馬場」である、ここは競馬場でありながら、今は開店休業の状態で広大な敷地をただの草むら広場のまま放置されていた。

そもそも、政府は全国に競馬場を設置するに至った訳は、日露戦争を経験し、日本軍の軍馬が、他国の軍馬に比べると馬体は小さく馬力も劣っていた。ロシアのコサック騎兵に勝利したものの大いに苦戦した。その教訓と農耕馬の改良を目的として、「馬匹《ばひつ》改良」を全国に指示し、その手段の一つとして「競馬」の公認を発令した。その結果関西では、

明治四十年六月に「関西馬匹改良会社」が設置され、その傘下に「関西競馬倶楽部」が発足され、人々は、近代国家の芽生えによるものと、大いに珍しがって各地の競馬場に訪れたが、不幸にも翌年五月に馬券の発行に不正が発覚し、大きな問題となった。政府はこの事態を重視し、馬券の発行を禁止したのであった。

政府は、馬券の発行禁止を大正十二年（一九二三）まで続けたため、競馬界は収入の見込みが立たないまま、競馬場は閑古鳥が鳴く状態が続き、各地の「競馬倶楽部」は権利と資産を売却し解散の憂き目にあった。

鳴尾でも、関西馬匹改良会社が解散し、関西競馬倶楽部の後進である「阪神競馬倶楽部」にその資産を売却した。

しかし、この広大な敷地と資産を手にしたものの、「阪神競馬倶楽部」は名称変更して「鳴尾競馬場」としてレースを再開したが、未だに馬券の販売が禁止されていたので、入場者は皆無で競馬場は閑散とし馬の鳴き声だけが広大な競馬場に響き渡るだけだった。

御厨は、そのような鳴尾競馬場に目を付け、ここが沿線開発の取っ掛かりとして、自社の沿線に同業他社の侵入を防止する策としても、絶対手中にすべきと考えていたのであった。

そして、腹心の部下である会計課長兼運輸課長の川口正一に、鳴尾競馬場の実態調査を命じた。

御厨の指示を受けた川口は、二週間を費やして鳴尾競馬場の実態調査を行い、その結果を纏めたファイルを小脇に抱え役員室をノックした。

役員室に入った川口は、早速調査ファイルを御厨に差し出し、調査結果の内容を説明した。

「専務、行けそうですよ。あそこは開店休業の状態で運営が行き詰まり、資金繰りに四苦八苦しています。好機到来と思われます。手に入れましょう」

川口課長は、満面に笑みを浮かべて報告した。

「そうか、君の言うところの好機到来か、では、やるとするか。この件は君に任せるが、一層、慎重に実行するように。それと役員会の資料を急ぎで作ってくれたまえ」

川口は、御厨の性格を良く理解しているが、これほど性急に指示が出るとは思わなかった。そして、指示を受けたら、間髪を入れずに即答するのが信頼される部下であると自負していた。川口は速足で役員室を出て行った。

御厨は、鳴尾競馬場調査結果ファイルを手に社長室のドアをノックした。

翌日、川口課長は単身で「鳴尾競馬場」を訪れ、支配人と賃貸契約について話し合いに入った。

そして、半年を掛けて賃貸条件について交渉した川口は、両方の妥結点を見出した。

大正三年（一九一四）四月、阪神電鉄と鳴尾競馬場との間で競馬場及び付属建物の使用契約を結んだ。土地四万四一九〇坪と、建物「パリミチユル」一棟を年八〇〇〇円で借用し、この他の土地建物を利用する際には別に一日につき二〇円を支払う条件であった。そして、阪神電鉄は、賃貸契約が締結されるや、早速、人々が度肝を抜く催物を開催した。それは、同年六月十三日と十四日に「第一回民間飛行大会」と、銘打って、外国人パイロットを招聘して開催された曲芸飛行大会であった。後援は朝日新聞社で、紙面の販売数増を目的として、大々的に宣伝した。その結果、飛行士の米国人ナイルスの曲芸に、観衆は度肝を抜かれて大口を開け空の曲芸飛行を眺めた。この二日間の観衆は九万人で、阪神電鉄は、鳴尾停留場に押し寄せる人々を、運輸部の社員総出で捌いた。

そして素晴らしい曲芸飛行が話題を呼んだため、気を良くした阪神電鉄と朝日新聞社は、二回目として、翌年の四月二十四日から二十七日の四日間にかけて実施したが、この飛行大会も前年以上に人気沸騰し、連日、鳴尾停留場に押し寄せた観衆で、輸送力の限界を超えたため大阪出入り橋駅と神戸三宮駅で乗車規制を行った。こうして阪神電鉄は「民間飛行大会」で想像以上の収益を上げることができた。この結果に満足して、さらに鳴尾地区を中心に沿線開発に力を入れたのであった。

大正五年（一九一六）三月に阪神電鉄は「鳴尾競馬場」四万四一九〇坪に陸上競技場、野球場、テニス場、水泳の施設を有した関西唯一の競技施設を設置した。これらは、御厨基綱と外山脩造の夢であった。まずはテストケースとして設置したものであった。

早速、この施設に目を付けた朝日新聞社は、以前この地で開催した第一回、二回の民間飛行大会で大成功を収めた経験があったため、今回も二匹目のどじょうを狙っての思惑が働いた。そして翌年に東京で開催される極東オリンピックの前哨戦と称して東西対抗陸上競技大会を秋に開催した。当然観衆は話題性に誘われて飛行大会と同様に競技場に詰めかけた。これも大成功であった。この結果を持って阪神電鉄側の直接担当者川口正一運輸課長と朝日新聞社側直接担当者中南良一販売部長の二人は、尼崎停留場前の小料理屋で三回目の祝杯をあげていた。

「川口さん、飛行大会も東西陸上大会も大盛況で終了しました。鉄道の輸送人員も大幅に増員し誠に目出度いですな」

朝日新聞の中南良二は満面笑みを浮かべて川口のグラスにビールを注いだ。

「いやいや、電鉄の輸送人員は知れたものですよ、それ以上に、お宅の紙面販売部数はとてつもなく増えたそうでおめでとうございます」

川口は、鉄道員らしくない口調で中南を持ち上げた。すると、中南も、負けじと切り返した。

「川口さん、お宅の御厨さんの喜ぶ顔が目に見えてきますな。お互いに目出度いことです」

中南が見せた御厨への気遣いに、川口は身を乗り出して手を出した。

「そうですな、目出度いことで、次も貴方と何かやりたいですな。貴方と組めば全て上手く行きそうだ。ワッハハハ」

二人は、手を取り合って大声で笑った。しかし、その喜びも束の間でしかなかった。

二人が手掛けた東西対抗陸上競技大会は、表向きは大成功であったが、その裏で、大会委員会から思わぬ不満の声が漏れていた。その一つは、競技場のあまりの広さに、選手たちが競技中にコースを間違え、さらにコースから逸脱する不測の事態が起こっていたのであった。

東西対抗陸上競技大会終了後、大会組織委員会から、競技グラウンドの不整備について追及されたのであった。そして怒りのこもった最悪の結果が言い渡されたのであった。

「ここでの、陸上競技大会は次回からはないと思ってください」

それ以来、鳴尾競技場の使用申し込みがプッツリと途絶えた。それ以後競技場の手入れが行き届かなくなり、至る所に雑草が繁茂し、ススキの穂が寂しく風になびいていた。さらに、競技場コースの至るところに雨水が溜り、走路などは荒れたままで、無残な状態を晒していた。

この状況に担当者の川口運輸課長は、頭を抱え消沈しきっていた。

ある日その消沈した気持ちを癒やすために、尼崎の商店街にある飲み屋街で一人飲み歩いていると、反対側から歩いてくる一人の男が目に留まった。その男は、朝日新聞販売部部長の中南良二であった。

「やあ！　中南さん奇遇ですな、お一人ですか、だいぶできあがっておられるようですな」

川口は遠慮なく声を掛けた。

中南は、今日は会社の連中と飲んでの帰りで、まだ少し飲み足りなくて適当な店を探していたところだった。と告げた。そして
「川口さん、先月来ですな、どうですか一杯」

と指に盃を挟む格好で口元に持って行った。

「良いですな、飲みましょう。今日はとても飲みたい心境なんです」

二人は、肩を並べて一軒の居酒屋の暖簾を潜った。

二人のテーブルにはビール瓶二本と二号徳利が一本並び料理も出てきた。そして中南がビール瓶を手にして川口のグラスに注ぎながら話しかけた。

「川口さん、少し相談に乗ってくれませんか」

中南がいきなり話し出した。

「実は、中等学校野球大会が危ぶまれているのです。ご存じのとおり最近野球人気が高まり、大会ごとに観衆が増加して、豊中の野球場では観衆が入りきれない状態なんです。

このことを、球場の持ち主である御社と同業の電鉄に申し入れしたが、その返事が何とも情けない内容で悲しくなりました」

とまで話すと電鉄担当者の口ぶりを真似て話し出した。

「弊社は、現在生きるか死ぬかの大きな事業に取り組んでおります。その中で小さな野球場などのことを考える余地などありません。まして、建て替えなどとても考えられない」

と、けんもほろろに返答してきたと、怒りを露わにした。

「向こうの話し方に腹が立つではありませんか。仕方なくその回答を我が本社に持ち帰り、報告しましたところ、わが社の役員たちも、これ以上は無理なようだから他に野球場を探すように指示されたのですが、あの規模の大会を行える野球場はなかなか見当たらない。それで困っています。川口さんどこかご存じありませんか」

中南は悔しそうに盃を口にした。

川口は、中南の愚痴を聞きながらビールを飲んでいたが、はっとして両手で膝を叩いた後、中南に酒を注ぐと話し出した。

「中南販売部長、その話、何か手がありそうですね」

と言った後に、中南は話はそう簡単ではなく、理由はほかにもあると呟くように話すと、ビールを川口のグラス注いだ。

「川口さん、話がややこしくってな、大会の運営費が年々嵩んで困っているのですが、特に選手の滞在費が増加しましてね、各学校側が私どもに対して滞在費の補填を願い出てきたんですよ、ところが、わが社としましても、今のところ収支が悪く、大会運営にわが社が多く支出しています。ところがそろそろ限界にきておりまして、滞在費の削減も大きな目標になりました。この二つの問題が解決しない限り中等学校野球大会は消滅してしまいます。わが社としてはそのようなことは絶対に避けねばなりません。川口さん、難しい問題です」

川口は、この経緯を全て聞くと、徳利を手に中南の盃に酒を注ぎながら笑顔で口を開いた。

「中南販売部長、だから先ほど言ったでしょ、打つ手があるかもしれないと、この件について私どもは、日ごろ懇意にしていただいている御社のお力になりたいと思っております」

と中南を慰めた。

「川口さん、大会の経費を削減するには、日程を短くして選手と学校関係者の滞在費を減らすことにあります。そのためには、一日の試合数を増やして多く消化する必要がある。すると必然的にグラウンドが複数面必要になり。そのようなグラウンドがこの関西圏にありますか」

中南は、酒を喉に流し込むと大きくため息をついた。その、中南の姿を見つめていた川口は、ゆっくりグラスをテーブルに置くと居住まいを正して神妙に話し出した。

「中南販売部長、分かりました。それらの解決策を探してみましょう。そしてその鉄道会社に一矢報いましょう」

と言った川口の姿は、中南の目からも自信ありげに見えた。

「本当かね川口さん、そのような方法があればわが社は大助かりなんだが、よろしくお願いしますよ」

中南は、川口に向かってペコンと頭を下げて、川口のグラスにビールを注いだ。そして数時間後二人は満足仕切った顔をして、手を取りながら暖簾を分けて店を出てきた。

「中南販売部長、一〇日、いや五日待ってください。きっと良い返事をお届けできると思います」

川口が言い終わると、二人は尼崎停留場に入り、それぞれ帰宅の方向に分かれて電車に乗った。

翌日、川口会計課長兼運輸課長は、御厨取締役に面談を求め、役員室のドアをノックした。

「取締役、お忙しいところ誠に申し訳ありませんが、実は、鳴尾運動場の収益の件で参りました」

川口は、少々俯き加減で口を開いた。

「急にどうしたんだね、あの荒れグラウンドのことですか、その様子では何か面白そうな話があるようですね」

御厨は、少し興味ありそうな口ぶりで川口を見た。

「実は、取締役もご存じだと思いますが、朝日新聞販売部長の中南良二さんと、昨夜会食する機会がありまして、その折、中南販売部長が泣くように話すのは、現在中等学校野球大会の存続危機の状況に追い込まれて困っている。との相談を受けまして。…」

川口は、昨日の中南販売部長の話の内容を詳らかに報告した。そして今回も得意の言いまわしである「好機到来」で締めくくった。すると、黙って聞いていた御厨が、短く口にした。

「ところで、君は今の話に確信を持てるのかね、自信があるのならやり給え、全て君に任せるよ」

川口は、御厨が考える会社経営の理念、「慎重且大胆」を良く理解しているつもりだったが、今回も大胆以上に即決であった。自分は阪神電鉄の会計課長兼運輸課長を任じられて、電鉄経営の一翼を担っている一人として、腹をくっていた。

「分かりました。取締役のご返事がどちらにしましても、明日中南販売部長とお会いする約束をしておりますので、明日午後には報告ができると思います」

川口は、御厨から全権を託され、少々緊張感を感じながら役員室を出ると、室内から御厨の声が聞こえてきた。

「スポーツを理解できない者は無視して、突っ走れ」

川口は、御厨が口にした「スポーツを理解できない者」とは、あの新参の鉄道会社であると察した。

川口は、御厨に全権委任された鳴尾運動場に野球場の設置工事に向けて、朝日新聞社側の中南販売部長と条件を突き合わせて、小まめに問題を解決した。二人はこの手の話は過去に何度と行い、十分に理解しあっていたため、話し合いは和やかな雰囲気の中で、阪神電鉄側の野球場設置工事と朝日新聞社側の中等学校野球大会の実施及び大会会場を鳴尾の野球場で実施することが契約された。中でも、朝日新聞社側が経費削減の目的であるための注文が、グラウンド二面の設置であった。

しかし、「元々鳴尾競馬場」は田圃に海砂や川砂を運んで造成したもので、競馬場全体が砂地であった。この場所に野球場を設置するためには、グラウンド整備が最大の問題になった。

この「砂っ原では野球はできない」

と川口は思案に暮れた。

川口は、土を求めて六甲山系に入り粘り気のある赤土を探したが、如何せん、探し出した赤土は、六甲山系特有の、ぱさぱさ、したもので役に立たなかった。

「なあみんな、君たちの関係者で、少し粘り気のある赤土の有るところを知っている業者の心当たりはないですか」

川口は、鳴尾運動場の整備を請け負っている神嶋《かみしま》土木工業の監督に打診した。しかし心待ちした答えはなく、頭を抱えていた。三日ほど過ぎたころ、運輸部の制服を身にまとった一人の男が川口を訪ねてきた。

「課長、よろしいでしょうか、私、列車所の運転手で海部剛一と申します。実は列車所で耳にしたのですが、現在鳴尾に野球場を建設中で、グラウンドの土をお探しだとか、その土は赤土で少し粘り気があるものが良いと聞きましたが」

「えっ、その赤土があるのか、その場所は、どこだ」

川口は、海部の話を待ちきれず、赤土のありかを、早く教えろと言わんばかりに、首を忙しく動かしていた。

「はい、私の故郷で淡路島の洲本近くの田圃が全て赤土です」

川口は、海部の話に、今までの鬱陶しく感じていた胸のつかえが一度に吹き飛んだ。

「ありがとう海部君、どうだろうか君も手伝ってはくれないだろうか。早速現地に飛んで、その赤土を購入してくれないか。もちろん工事関係者も同道させるから。やはり現地を一番知っている人間がおれば心強いからね。これは運輸課長の命令ではないから、君の意思で協力いただければ幸いだが。一週間ほどの出張扱いとさせてもらうから」

川口は、命令ではないと言っていたが、海部は上司から、それも運輸課長から直接頼まれれば、それは命令と同じであった。

「喜んでお引き受けいたします。私、野球大好き人間で、職場の草野球部の一員でもありますので」

　話はまとまった。

　川口は、早速上嶋土木工業の国城後《くにじょうご》工事監督に海部を同道させて「淡路の赤土」の買い付けを指示した。そして、海部の働きが功を奏して、赤土数十トンの買い付けに成功し、洲本から船により鳴尾浜に直接着け、そこから荷車で運び込んだ。

　しかし、ここで、また問題が発生したのであった。グラウンドに敷き詰めた淡路の赤土が思いのほか粘りが強く、グラウンド作業員が作業を行っている最中、砂と分離した赤土が、彼らの地下足袋に歩きにくくなるほどへばり付いた。川口はその様子に、またしても頭を抱えたが、しかし、今回の工事で競馬場の砂地で苦労していた神嶋土木工業の国城後が、毎日目にしている作業にヒントを見つけ川口に教えた。

「川口さん、あの赤土意外と優れもののようです。実は、ここはご覧の通り、元々は層のある砂地で、作業を行う都度、舞い上がる砂埃を抑えるため、工事部分に散水して砂ぼこりを抑え、少し地ならしの後作業を行っていましたが、その散水と地ならしが功を奏したのか、作業員の足元も普通通り歩くことができ、すんなりと作業ができました。この手を使ってみましょう」

川口は、国城後の提案に、今は時間に追われているため、迷いも疑問も持たなかった。

「国城後さん、その手で行きましょう。赤土と砂を混ぜ合わせ、新たな土を造りグラウンドに敷き詰めて整地すれば上手く行きそうだ。彼、運転手の海部剛一にも協力させるから、早速明日から始めよう」

翌日、グラウンドに集まった、川口、国城後、海部の前で、作業員たちは、赤土をグラウンドに敷き詰め、その上から散水し水が浸透するまでしばらく待った。

「よおし、みんな、道具を持って、自分の周囲を田圃の天地返しの要領で、赤土と砂を攪拌して混ぜ合わせるのだ」

国城後の作業開始の合図が大きく響いた。その合図に三〇人の作業員が一斉に動き出した。そして、数十分が経過したころ、所々で赤土と砂が満遍なく攪拌され整地された箇所ができ上がってきた。その箇所に海部が走っていくと、いきなりその場に滑り込んだ。その様子に川口も国城後も目を点にして見ていたが、川口はすぐに我に返り海部に声を掛けた。

「海部君、どうだ。土の感触は」

大声であった。

海部は、立ち上がると頭上に両手で大きな円を作って、大声で返した。

「川口運輸課長、国城後さん、最高の土ですよ」

と海部はその場で子どもがはしゃぐような仕草をした。

その様子に、川口と国城後は顔を見合って頷きあっていた。

こうしてグラウンドの土の問題は解決し工事は順調に運び、野球場二面を作り上げた。

一方、他の球場施設関係は、スタンドは八段で、長さ二間の移動式を設置し、座席が随時増設できるようにし、観衆が急に増加したときに対応できるように考えられた。二面のグラウンドの間には球止めの板囲いで仕切りを作り、二面同時に試合ができるようになった。

こうして阪神電鉄と朝日新聞社の思惑が実ったことで、

「二つ目の勝ちだな」と、御厨の呟きが聞こえてきそうであった。

大正六年（一九一七）八月十三日大阪朝日新聞社主催「第三回全国中等学校優勝野球大会」が開催された。この大会において、グラウンド二面を使用したため、試合数の消化も進み選手、関係者の滞在費が削減された。そして大阪朝日新聞社も大会期間を通して経費の削減が実現できた。さらに阪神電鉄も、豊中時代の観客動員数よりも、何倍も多くの観客が動員できたため、運賃収入も大いに増収となった。まずまずの始まりであった。しかし翌年。

大正七年（一九一八）の大会は、この年富山県で起こった米騒動が全国に波及し、大阪では騒動鎮圧のため、地元警察と軍隊が出動したが、集まった群衆が、軍隊と警察官の姿に益々興奮度を高め、とうとう激突し、双方に多数の怪我人が出る始末であった。

官憲側は、警察官をさらに動員し鎮圧にあたった結果、数時間後に群衆が落ち着き話し合いの結果、騒動は収まったが、神戸では阪神電鉄の滝の道終点付近にも、騒動の連中が押し寄せ電車を止めた。その勢いで、神戸の大手商社・鈴木商店が焼き討ちに遭い地元の神戸新聞社も類焼の被害に遭った。さらに鳴尾運動場の近くに鈴木商店の工場があったため、騒動の巻き添えを危惧した大阪朝日新聞社と阪神電鉄は断腸の思いで、「第四回全国中等学校優勝野球大会」を中止したのであった。

大正八年（一九一九）の第五回大会は、二年ぶりの開催になった。そのため、大会の開催を待ち望んでいた人たちが、従来の野球人気と相まって、鳴尾運動場に押し寄せ、野球場の収容観客数を遥かに超えたため、入場を諦める人たちが多く出た。翌年の第六回大会も入場ができない観客があふれ、大阪朝日新聞社も、阪神電鉄もその解決策に奔走したが、良案が見いだせないままだった。

大正十年（一九二一）第七回全国中等学校優勝野球大会が終了するやいなや、御厨基綱は、鳴尾運動場の状況を憂い、問題解決を模索するため、九月に阪神電鉄車両課長・立山重次を米国に派遣した。立山は、御厨の指示により、都市間交通の実態調査と野球場の研究に奔走した。

米国では、都市間交通の調査は、他国ではあるが同業の技術者として大いに歓迎され、調査に協力も惜しまず現場に同道し、詳細な資料も提供してくれた。しかし、畑違いの野球場については、他国での方策は全く見当もつかなかった。

立山が米国に着いて翌月、友人である大阪朝日新聞社の大西弥三衛門のいるニューヨーク支局を訪ね、野球場関係の資料が手に入らないか相談した。大西は早速報道関係の繋がりで、建設中のヤンキースタジアム（旧のポロ・グラウンズ）の見学が許された。そこには完成時世界一の規模となるスタジアムが、工事中とはいえ風格を備えた景観を見せていた。立山は建設現場に立って身震いした。そして「何と、想像以上のデカさだ」と思わず呟いた。

そして数日後、ふたたび大西弥三衛門を訪ねたとき、大西が立山に無造作に手渡したも

のがあった。立山は受けとった紙包みを解くと、中から図面のようなものが出てきた。立山は大西の手を握り、

「もしかして、これは野球場の図面か?」

大西のほほ笑みながらの頷きに、立山は、我を忘れて叫んだ。

「やったー!」

こうして、幸いにも「ニューヨーク・ジャイアンツ」の当時の本拠地であるポロ・グラウンズの図面を手に入れた立山は、勇躍して帰国したのであった。

このポロ・グラウンズは、当初から野球とポロ競技用に造られたものであった。

大正十一年(一九二二)四月一日、御厨基綱は阪神電気鉄道株式会社の代表取締役に昇格し、事実上第五代目の社長に就任した。そして、外山脩造との約束であった巨大スタジアム建設に向かって動き出したのである。

大正十二年(一九二三)四月になると、御厨は、立山車輛課長を技術長に昇格させ、電鉄技術部門の最高責任者にした。そして技術部門に多くの専門家を集めて組織を充実した。

御厨は、手にした人事考課綴りを机の上に置くと、電話を取り立山を呼んだ。

「立山君、そろそろ野球場建設責任者を決めたいのだが、君の部下の中から選びたいと

思っている。この名簿を見ていると、面白い技術者が多いね、選ぶのに苦労しそうだ」

二人は、二〇名近い名簿から御厨の考えた条件を備えた技術者を探した。そして、その中に一人の男が目についた。

「立山君、この男どうだろうか、一度大阪市の職員になっているよ。それから入社したのだね、何か面白そうな男に見えるけど、君はどう思う」

男の印象を聞かれた立山技術長は、社長が興味を持った男のことについて、口を挟むのははばかられた。

「社長、まずは本人を呼び面談の上決定されてはいかがですか」

立山としては当たり前の回答をした。

「そうだね、では今すぐ呼んでくれますか」

御厨の性分であった。熟慮の上の速攻であった。

御厨は、京都大学を出て、入社一年目も満たない技師の納井田康介《のいだこうすけ》に白羽の矢を立てた。

納井田康介は社長室のドアをノックして、室内からの合図を待っていた。少しの間はあったが室内から社長の声が聞こえてきた。

「どうぞ、入ってください」

納井田は少し緊張して室内に入ると、社長がいきなり声を掛けてきた。

「君は、我社の野球場建設計画を知っているかな。大きな投資を必要とする事業だ。この日本では初めての試みだ。この件で君の考えを述べてみよ」

納井田は、社長の唐突の質問に、どう回答すべきか迷った。計画の是非論を問うているのか、それとも、実行についての方法論を問うているのか、どちらなのか、野球場の建設計画は耳にしていたが、それは、世間に対する当社のイメージづくりの代物で、実現などはとてもできるものではないと答えたかったが、納井田も今でいうところのサラリーマンで、口が裂けてもイメージづくりの計画案とは言えなかった。しかし彼は一言だけ答えた。

「とても壮大な事業計画であると感じております」

彼は当たり障りのない回答をした。しかし自分では名回答であると思っていた。

「そうだ。壮大な事業計画である。ところで、君はスポーツに興味はあるかね、私はスポーツ全般にわたって好んでおる。健康に良いからね」

社長の謎かけのような質問に、彼は入社時に耳にした社内の噂話を思い出した。初代社長外山脩造翁と御厨社長の二人は、若いときに渡米して世界的な知識を身に付け、それらを事業に生かし、二人して会社の発展に尽力した。そして二人の間で共通した考えの事業を行うと約束を交わしていた、というような噂話を思い出した。

「あっ、そうか、あの噂話の事業計画であったのか」

納井田は思わず微笑み、身を乗り出すようにして答えた。

「社長、分かりました。いよいよ始まるのですね、巨大スタジアムの建設が」

納井田の答えが終わる前に、社長が話し出した。

「そうだ。始めようと思っている。その巨大スタジアムの設計と建設工事の責任者を君に任せたいのだが、どうだ、引き受けてくれるかな、いや命令する。スタジアムの建設工事の責任者を君に命令する。これは社長命令である」

話の詰めは簡単であった。社長命令と鶴の一声であった。

「ここに、昨年の秋、君の上司である立山技術長を米国に派遣して、巨大スタジアムの調査結果が揃っている。ポロ・グラウンズの設計図もあるので、内容は君なら理解できると思う。ホイッ、受け取ってくれ」

御厨が手渡したぶ厚く重い紙袋を手にした納井田は、社長と紙袋を交互に見て戸惑っていると、御厨は納井田の戸惑いなど無視して話を続けた。

「それは、使い方によっては素晴らしい資料になるはずだ。全て君に任せる。やりたいようにやりなさい。最後までしっかりやり遂げるのだ。良いね」

ズシッ、と重たい書類の束が入った紙袋に、それ以上の重量を感じた納井田は、顔を正面に向けると社長は窓ガラス越しに外を眺めていた。そして穏やかな声で語りかけた。

「納井田君、京都で電車を走らせた私は二〇代の若造だった。今の君はもっと若い、楽しいじゃないか、ヤンキースタジアムが世界一なら君は東洋一のスタジアムを造れば良い、なあ若造君よ」

突然の、とんでもない命令を受けた納井田は、頭では何も考えられなかった。しかし、次に出た社長の言葉に、さらに驚くことになる。

「このスタジアムは、大正十三年の七月中に完成させてくれたまえ。これは至上命令である」

設計から完工までの期間が一年余りで、詳細が未確定の中で完工日だけが決定していた。

納井田は、再度、社長に確かめるため、机の傍まで進んだ時、社長がくるりと反転し、彼の手を取り何も言わずに首を縦に二回下げると、さらに強く手を握りしめた。一方の納井田は社長の態度に何も言えず。社長に合わせて首を縦に二回下げた。そして、社長室を出ると、技術部の部屋に戻るまで、何も思いつかず無意識のまま歩いていた。

納井田は、技術部の部屋に入ると立山技術長に報告するため、部屋の一番奥にある技術長机の前に立った。そして、社長の命令を報告するために、その命令を頭の中で反芻して纏めようとしたが、立山技術長は既に社長から話を聞いていたようで、ニコニコし彼の肩を叩いて一言だけ言った。

「おめでとう、しっかりやるのだよ」

これが立山技術長から出された異動の口頭辞令だった。

納井田はこの日、終業時間まで無口で過ごした。そして動き出したのは二日後で、私物を手にして新しい勤務部署となる設計室に入ったが、室内は消灯されて薄暗く、人の気配がなかった。

「そうか、今は一人なんだ。では何から始めるかな」

と、一人呟くと、室内灯のスイッチを入れた。そして一人机に付くとメモ用紙を取り出して何かを書き出した。

「そうだ、俺は野球のことも、スタジアムのことも何も知らない、先ずは資料集めだな。それと設計のできる技術者、そして大学野球と中等学校野球経験者を探さなければならない」

と呟いた。そして立ち上がるとその足で総務部文書課に向かった。

文書課長には、既に御厨社長から、「納井田が怖い顔して来ると思うので、話は全て聞いてやってくれ」と、たった今電話があったところだった。電話を置くと彼の姿が見えた。

納井田は、文書課長の前に立つといきなり

「課長、お願いがありまして参りました」

「忙しい男だな、なんだ、お願いというのは」

課長は苦笑交じりで聞いた。

「はい、設計室に人を集めていただきたいのです。一つは西洋建築を習熟した技術者。二つ目はスポーツそれも野球経験者でスタジアムの構造に精通した人、例えば東京で行われている大学野球で、特に早慶戦で活躍した人物を調査して集めていただきたい。よろしくお願いいたします。」

と一気に喋った。

納井田の話を黙って聞いていた文書課長は、一方で御厨社長の電話を思い浮かべていた。

「よろしいでしょう。ご注文通りご手配いたします」

と紋切り型に返答した。それでも納井田は自分の考え通りに話が進み。満足顔で総務部

を後にした。その時背後で
「調子に乗りやがって」

という文書課長の呟きは聞こえていなかった。

後日、総務部から届いた報告書には、注文通りの人選が行われた結果として、当節の超一流の人物名が記載されてあった。設計室の顧問委員の代表に笹本立夫を指名した。他は山野井良行、大西弥三衛門、倉本宗一、後藤良兵衛、上田一政、など野球界の第一人者たち一二名が選任された。彼らはいずれも大学野球出身で、その後も中等学校野球のコーチや選手の育成に尽力し、さらに中等学校野球大会の運営委員として、大会の発展に力を尽くした人たちであった。

彼らが、納井田を中心とした設計室建設顧問として顔を揃え動き出したのは、大正十二年の五月。記念すべき第一回設計室顧問委員会が大阪電気倶楽部で始まった。

委員会には、御厨社長も出席し、顧問委員が発する野球用語を理解するため、会議を中断して質問した。納井田も御厨と同様で、委員たちが行っている議論を止めて、用語の説明を求めた。そして野球場の大まかな構想が出来上がりつつあった。後は、その構想を形にする設計図を作成するまでになっていた。

設計室の技術者は、まず米国のスタジアムを参考にして基本設計に入った。

「良いか、みんな、スタジアムの収容観衆は一〇万人だ。これが我々の基本的考えである。だから、設計は米国のスタジアムの仕様に習い、それを基本として、工事費も基本設計に基づいて積算することになる。分かったな」

設計室顧問代表の笹本立夫の発案で、日本中から集めた若い設計技術者に納井田は発破をかけた。

納井田は、若い技術者に対して発破をかけたが、それは自分に対して言い聞かせた覚悟でもあった。

丁度そのころ、米国では世界一と言われたヤンキー・スタジアムが完成していた。納井田は、ある新聞記事に釘付けになった。「世界一大きいヤンキー・スタジアムが完成」の見出しに興奮して、顔面を紅潮させ立ち上がった。

「これだ、こいつだ」

と大声を残して、受話器を取ると秘書部に社長への面会の申し入れを行った。三〇分後に社長室に入って行った。

「社長、私はヤンキー・スタジアムが見たいと思います。何事も百聞は一見に如かず、という諺がありますように、是非とも私を米国に行かせてください」

と熱い思いを訴えたが、社長から返ってきた答えは、全身に冷水を浴びせられたような言葉であった。

「納井田君、君の気持は十分理解しているつもりだが、この野球場建設は君も承知の通り、急ぎの事業だよね、だから責任者の君が、現場を離れて米国に行く時間的余裕がないと思うのだが、無理だね、許可できない」

トップの言葉は絶対だった。納井田は一言もなく社長室を出ると、設計室に戻り、気を紛らわすため、資料に目を落としていた。

現在なら米国まで飛行機では片道一〇時間余りで行くことができるが、当時は汽船で片道二〇日前後を要した。

御厨は、責任者が長期間現場を不在にすると、仕事が前に進まないのが理由で米国行きを却下した訳ではなかった。

「入社一年目の若造が調子に乗りやがって、やりたい放題か、生意気な」

と陰で叩かれることに、危険を感じたからであった。

次は莫大な工事費を計上するであろう。そのためにも役員たちへの心証を良くしておく必要があり、彼ののぼせ上がった熱を冷ますことが大切であった。

「納井田君、会社機構では、役員会の決定が全てだ。それを心しておくことだね」

と御厨は誰もいない社長室で呟いた。

一方、納井田は、それから三日間設計室で、英字新聞を読みふけり時間をつぶしていたが、一つの記事を読み終えると、笹本立夫に向かって声を掛けた。

「笹本さん、私はヤンキースに手紙を出してヤンキー・スタジアムの設計図と資料を送って貰おうと思っていますが、どうでしょうか」

笹本は、納井田が言い出したことに、彼が精神的に追い込まれていると感じた。その解決法は、彼自身が解決する方法しかない、だったら、彼の思いのままにさせるべきであろうと感じたため、賛成した。

「良いではありませんか。しかし、ヤンキースも極秘のはずで、果たして出すでしょうかね、貰えるという確信が持てません」

笹本は、手紙の件は賛成したが、ヤンキースの出方に不安を示した。しかし納井田はあくまでも強気で言い放った。

「徒労に終わっても、出してやる」

そして、自分の机に戻ると机上で万年筆を走らせた。

翌日、ヤンキースに手紙を送った。その後、首を長くして返事を待ったが、待てど暮らせど米国からの返事は届かなかった。無駄を覚悟で手紙を出したが、一方で返事を期待していた。しかし、返事は届かなかった。

だが、納井田の手紙自体はヤンキースに届いていた。後日、米国の新聞紙上にその手紙が紹介されていた。

「阪神電鉄という日本の鉄道会社から、ニューヨーク・ヤンキースに、ヤンキー・スタジアムの設計図が欲しいと依頼があった。日本でも大きなスタジアムを造る計画があるらしい」という、文面の記事が出たことを納井田は知った。

「それだけか、残念だ。設計図が欲しかったな」

彼は、一言呟いただけで、後は何も言わなかった。そして、設計室は顧問団と若い設計技術者の間で、激しい意見交換を行いながら設計図を少しずつ仕上げていくのであった。

梅雨が明け、外は激しい太陽光に晒され、人々は挨拶の代わりに、

「暑いですな、例年より暑いですな」

を繰り返していた。そして、八月に入ると、朝日新聞の紙面は、中等学校野球大会の記

事が踊っていた。特に地方の学校を紹介するとき、必ず目玉選手の顔写真を掲載して地方から大会を盛り上げる作戦をとっていた。そして、いよいよ、その日が訪れたのであった。大正十二年（一九二三）八月十四日「第九回全国中等学校優勝野球大会」が開催された。過去の大会の教訓から、朝日新聞社と阪神電鉄は、誘導員や案内員を多数派遣して、観衆の安全に心血を注いでいた。

しかし、今大会は近畿圏の地元校が数校出場したため、開会式当日から観衆が押し寄せていた。さらに、地元校が勝ち進んだため、日に日に観衆が増加し、主催者は事故の恐れを心配しつつ大会を続行した。

運命のとき、準決勝戦を迎えたのであった。

当日午前の取り組みは甲陽中学と立命館中学の対決であった。当然、試合前からそれぞれの学校を応援する観衆は、興奮状態で立ち上がり、大声を出して応援合戦を行っていた。そして、試合が始まると、さらに興奮度が高まり、一回の裏、甲陽中の攻撃のとき、皆が心配していた事故が起こったのである。

スタンドの前方で観戦していた数人の観衆が大声で叫び出した。すると、次の瞬間、上段から人が、雪崩のようにスタンド全面に設置してある柵を越えてグラウンドに倒れこんできた。

主催者は、当然試合を中断して、グラウンドに倒れこんだ観衆の救助活動に追われた。そして、怪我人を救護室に収容すると、誘導員をスタンドに配置して観衆の整理を行い、二時間を掛けてスタンドの平穏を取り戻した。

主催者は緊急会議を行い、事故の内容から準決勝戦の日延べを検討し、その方向に傾いたが、一人の理事が反対意見を述べた。

「観衆のあの興奮度をご覧になりましたか。今もスタンドは大変な興奮に包まれています。ここで、大会の順延を発表すると今度は暴動が起こる可能性があります。選手と観衆の安全が確保できるとは思われません。つきましては、只今から観衆に試合の再開に向けての安全策を説明し納得していただいて、試合を再開してはいかがでしょうか」

この理事の冷静な判断により、試合の続行を決めた主催者は、スタンドの観衆に今後の試合が平穏に行えるように事情を説明した結果、観衆も事故後二時間が経過しており、ある程度興奮度も冷めていたため、主催者の説得を受け入れた。その後、甲陽中と立命館中の試合が再開されたが、観衆は座ったままで応援し、立ち上がる人は少数だった。その後、決勝戦まで大きな事故もなく試合を消化し、決勝戦まで勝ち進んだ甲陽中が優勝したのであった。

翔太は、全国中等学校優勝野球大会が、阪神急行電鉄の沿線である豊中から阪神電鉄沿線の鳴尾運動場に変更された理由が愉快でならなかった。

「阪神急行電鉄は大阪神戸間に新線を設置するため、豊中球場の改修に手が回らないなんて、チャンス到来か、棚から牡丹餅か、いずれにしても基綱爺さんは運も強い人だ」

大震災が関東を襲う

御厨基綱は、困乱状態が続いた「第九回全国中等学校優勝野球大会」が終了すると、設計室の面々に、早期に設計図を仕上げるように指示した。第九回大会の状況を考えると、中途半端な規模の野球場では、今の野球人気に対応できないと判断したためで、専門家による十分な検討時間が必要と感じたためであった。

工事責任者の納井田は、社長の杞憂と思える心配事を取り除こうとして、設計室顧問と設計技術者に設計図の作成を急がせた。そして、時間を忘れて設計図の完成を急いでいたとき、関東地方に大地震が発生し首都機能が壊滅したと情報が入った。

大正十二年（一九二三）九月一日午前一一時五八分、南関東一帯に、マグニチュード七・九、震度六の地震が発生した。被害としては。死者九万九千人、行方不明者四万三千人、負傷者一〇万人、被害世帯六九万世帯。

東京、横浜は壊滅状態で、首都圏の経済活動は一カ月ほど停止した。さらに悲劇が起こった。無政府主義者や社会主義者が革命暴動により、政府転覆を画策している売国奴を取り締まるという名目で、政府が発令した戒厳令が大きく暴走したため、多数の人命が奪われた。

この一報が全国に伝わると、国民の中に恐怖が満ち溢れ、巷間に多くのデマが飛び交い、人々は疑心暗鬼になり、外国人を標的に殺人事件まで起こった。そして、この騒動が沈静化するまで長時間を費やした。

納井田は、新聞で報じられている大震災の被害状況に、背筋に冷気を感じ、不安が大きくもたげ、冷静に新聞を読んでおれなかった。もし、阪神電鉄沿線で同規模の地震が発生したならば、一体どうなるのか想像もつかない、それよりも、現在作成中の工事設計に地震対策は盛り込まれていなかった。

「不味い、これは不味いぞ」

と呟きながら、電話の受話器に大声で言い放った。

「奥井君、設計室顧問の皆さん全員を電気倶楽部の会議室に招集してください。緊急でお願いします」

総務部から派遣されている記録係の奥井学に指示した。関東大震災が発生してから三日目の朝であった。

電気倶楽部の会議室に集まった顧問の面々は、残暑のため襟元を開き扇子で忙しく風を送っていた。しかし、緊急ということで顔面は少々強張っていた。顧問たち全員が揃ったことを確認すると、納井田は、本日の緊急会議について説明をした。

「皆さん、先日発生した関東の大震災のことは、電信や新聞で既にご承知と思いますが、とにかく酷い状態らしいです。追々被害状況が発表されるでしょう。つきましては、本日は地震対策について議論を行いたいと思います。現在、我々が作成しています工事設計には地震対策は考えておりません。もし、同じような地震が此処でこの地で発生したならば、一体どの程度の被害を被るのか、想像ができません。そのため本日は、地震対策一本に絞り込んで議論を行いたいと思います」

納井田は、最近になく顔が引き締まっていた。

「確かにあれは酷い地震のようだ。新聞では首都壊滅とあった。東京は元に戻れるのかな」

設計室顧問の頭的存在の山野井良行が、正直な気持ちを語った。その、山野井良行の不安気な話し方に会議室はざわめいた。

納井田は、会議室のざわめきを収めるため少々高い声で顧問たちを戒めた。

「地震の感想ではなく、地震への対応について話し合い、それを設計に生かすかどうかのご意見をお伺いしたいのです」

彼が放った言葉で室内は一瞬、静寂が戻った。すると、テーブルの中ほどに座っていた男が発言した。

「大丈夫ですよ。ここ摂津平野には大きな地震は起こらないと昔から言い伝えられています。大きな台風は来るが、私自身大きな地震を経験したことがない。大丈夫ですよ」

中浜繁一が平安な顔をして言った。その話に、納井田は、何の根拠もない内容に少し怒りを覚え、呟いた。

「そうですかね、自然界のことは何もわかっていないと聞いていますが」

その呟きに鋭く反応した顧問の一人が立ち上がり、発言した。

「そんなに心配なら、建物全体を鉄筋コンクリートで固めた戦地のトーチカと同じくらいの造りにして、大砲の弾に当たってもビクともしない堅牢なものにしては如何ですか」

倉本宗一が面白おかしく話した。

「イヤイヤ、それは愚策だね、大砲の弾ではない、地震というのは上下左右に地面が動いて地上の物を破壊してしまう。特に頭でっかちの建物は真っ先に倒壊すると言われています。ですから大屋根は危険です。もし、野球開催中に大地震が発生し、大屋根がスタンドに落下したら、それこそ阿鼻叫喚の地獄絵となります。球場の造りは、軽量かつ柔軟にして、重力のかからない造りにすべきです」

後藤良兵衛が冷静に語った。

「イヤヤ、それこそが愚策だね、大体がデカすぎるのだよ、私の考えでは、スタンドを二割ほど小さくし、観客数も減らした造りにして、地震が発生しても最小限の被害で済むようにしては如何ですか、自然の営みには勝てないからな」

上田一政が消極的な意見を出した。これには流石の納井田も露骨に顔の表情を曇らせた。

「上田さん、それでは当初の目的が達せられません。御厨社長がおっしゃっていた東洋一のスタジアムを造るための議論を行っているわけですから、現状の計画は基本的には変更できません。その上での地震対策を考えていただきたい」

納井田の苦言で、万策尽きたような雰囲気が漂ったが、そのとき小柄な男が立ち上がると話し出した。

「現在の設計には地震対策は考えられていない、本日の会議は、その地震対策を設計にどう生かすかということですよね、まず、考えられることは、先ほどから出ていますが昔からの言い伝えですが、これは決して消極的な話ではありません。例えば、神社仏閣に建立されている三重、五重の塔は、台風や落雷、火災での焼失はありましたが、地震での倒壊は耳にしたことがない。これは先人たちが長い時間を掛けて経験した結果、築き上げた技術だと思います。この先人たちの知恵を借りて設計してはどうでしょうか」

笹本立夫が冷静に語った。すると、他の顧問たちから、笹本の意見の内容に関心あり気な発言が続いて出てきた。

「へえ、先人たちの知恵ね」

「そう、三重塔や五重塔に倣え、か」

「しかし、言われてみればそうかもしれないな、三重塔や五重塔は落雷で焼失し、台風で屋根瓦が飛んだり板張りの壁が剥がれたりはしたが、塔そのものが倒壊したとは聞かないな、地震での倒壊は全く聞いたことがない、これは笹本さんのご意見通りであるかも知れませんな」

三人の顧問たちが笹本の意見に同調した。

「では、本日の緊急会議の目的でありました地震対策は、笹本顧問のご意見を参考にして研究した上で、良策があれば設計に生かせます。如何でしょうか」

納井田は会議室に座っている顧問全員の顔を見つめていた。すると、顧問全員が声を揃えた。

「異議なし」

緊急会議は終了した。

納井田はその足で、尼崎本社ビル三階にある土木工事部六島千里部長を訪ねた。

「六島部長、初めまして、私、野球場建設設計室の納井田康介と申します」

「挨拶は抜きで行きましょう。今日、ここに来られた理由をお聞きしたい」

いきなりであった。六島部長は現場育ちであったため、回りくどい話は苦手であった。

「分かりました。では早速、相談内容を説明させていただきます。現在、私共で計画しております野球場建設の地震に備えて、どのような対策を立てればよいかを、お伺いしたく参りました」

と話し始め、先日の緊急会議の内容を詳らかに説明した。

「この時代に面白いことを言う方がおられるんですね、その発想は、振り子が地震の揺れに同調して強い揺れを緩和する方法を語られていると思います。西洋建築は、地中に梁を造って、建物本体をそれに固定し、地震の揺れに対抗して被害を防止する役目を果たすのですが…」

少し間を置いた六島部長は、頭を撫でながら話し続けた。

「三重塔や五重塔に倣え、か、もしかすると、使えるかもしれませんな、分かりました。私が計算してみましょう、野球場の全体構想を記したものをお借りできますか。一週間ほど時間をいただけたら答えを出せると思います。しかし、設計室には面白い発想をなさる方がおられるのですな、素晴らしい集団だ」

六島は、さも楽しそうに言った。

「それでは、よろしくお願いいたします。一週間後に参ります。ありがとうございました」

納井田は、六島に対して丁寧に頭を下げ土木工事部を出て、みんなが待つ大阪事務所の設計室に帰って行った。

九月十日、納井田は約束通り尼崎本社のレンガ造りビルの前に立っていた。そして三階にある土木工事部の窓を見上げ、結果がどうであれ、野球場建設工事を止めることはできないと気持ちを引き締めて、建物の中に入って行った。

「やあ、納井田さん、来ましたね、計算結果が出ましたよ、さあ、こちらへ」

六島は、部屋の入口に立っている納井田を見つけ、自分の机の前に招いた。

「部長、ありがとうございます。早速で申し訳ありませんが、計算結果書をご披露願えますか」

納井田は、結果を早く知りたかった。思わず身を乗り出して六島に近づいた。

六島は、結果を早く知りたがっている納井田を、応接用のテーブルに座らせた。

「面白い結果が出ましたよ。結論から話すと、五重塔方式が良いと出た」

この一言に納井田は言葉を失っていた。そして、喉からうめき声を絞り出したような一言が出た。

「えっ」

この一言に六島は説明不足を悟り、その後は詳しく話し出した。

「それはね、野球場を建てようとしている場所が問題でね、あの場所は元々川を埋め立てて整地した川床地だったね。川の跡で地盤が軟質で強度がない。その上に重量のある建造物を建てると、地震発生時に地面は揺れと同じ方向に動くが、そこは軟質なため、揺れに対してさらに大きく同調し、その上にある建造物は、揺れに反抗して耐えようとするが、揺れが大きいと、建造物全体に亀裂が起こり、その後、建物が崩落するという結果がでました」

六島のここまでの説明を聞いていた納井田は次第に顔を曇らせていた。

「部長、東京大地震の規模で、計画中の野球場は崩壊するのでしょうか」

納井田は結論を求めた。

「いや、それは分からない。ただ計算結果では現在設計されている野球場には被害が出ると出ている」

「良く分かりませんが、崩壊があるということは分からないが大きな被害を受ける、といわれますが、具体的にどの程度の被害を受けるのですか」

「例えば、野球開催時、内野の大屋根が落下したとしたら、その人的被害は大きいということです」

納井田は、人的被害が大きいと聞くと顔色を失った。内野の収容人数は二万三千人だが、その上に大屋根が落下したときの惨状を思い浮かべた。そして急いでその思いを打ち消し、頭の中から地獄絵を追い払った。しかし不安感は体中を駆け巡っていた。

六島部長は、その様子を見て、自分も極端な内容を少々言い過ぎたことに反省した。

「そんなに悲観なさらずに、結論をお聞きください。その結論は貴方たちが既に思いついておられます。それは、先ほど説明しました『五重塔』方式で浮島造りですよ」

納井田は信じられなかった。欧米式土木建築を取り入れ、より安全な建造物と認識していた。そして、自然相手は人間の知恵で勝つと考えていた。だが古人は、自然に勝つのではなく同調することが安全であることを知ったのだ。何百年も前の塔が現存していることがその証である。しかし、東京大震災の被害を考えると不安で仕方なかった。

「六島部長、五重塔浮島方式で、本当に大丈夫ですか。保障していただけますか」

納井田は、少々焦りを感じていた。気持ちの整理も付かない状況にあって、六島部長に強く迫った。

「いや、万全な方策とは言っていない。私は神様ではないからね、ただ思うには、このたびの野球場建設には、立地条件から考えると、やはり先ほど言ったように、古来方式と欧米式土木建築様式を合体させて建設することが適当であると思われます」

六島の回答は納井田にとっても理解ができたが、万全な方策を導き出してほしかった。さらに六島に具体的な方策を出すように求めた。六島部長は、納井田の切羽詰まった表情にはっきりした証拠を差し出した。

「これを見てください」

六島は朝刊を机の上に広げた。そこには東京大震災で甚大な被害を受け、壊滅状態にある、都心に近い町の写真が掲載されていた。

六島が指さしたところには、呆然とたたずむ人々の先に、ポツンと立っている建物があった。それが五重塔であった。

「今回の地震ではっきりしたのは、建物の多くは倒壊したが、その中にあって五重塔が生き残っている。この姿こそが貴方が求めていた証拠でありませんか」

納井田は、六島部長の指さしたところを、まばたきをせずに見つめていた。そして、その新聞の一枚の写真から、今までの迷いが消し飛んだ。

「六島部長、分かりました。欧米式土木建築の技術と、五重塔浮島方式を合体させた技術で野球場を建設する。ということですね」

笑顔が戻った。その様子に六島部長も笑顔で、さらに具体的に説明をした。

「建物全体は、お椀の底を抜いたものをそのまま置いたと考えてください。そして基礎に成るものは、古来の建造物に使われていた礎石方式とし、礎石をコンクリートで造り、その上に本体を築く、現代建築における地中梁の代わりとする。正に浮島状態として地震の揺れと上手く付き合うということです。ご納得いただけましたか」

六島部長の説明に、納井田は満面に笑みを浮かべ、何度も頭を下げ自分が取った無礼な態度を詫び、併せて何度も礼を言った。そして、六島部長から調査結果を貰うと、勇躍、尼崎事務所を後にした。

大阪事務所に戻った納井田康介は、六島部長からもらった「調査結果」をもう一度丁寧に読み、内容を頭に詰め込んだ。そして翌日に設計室顧問たちを大阪電気倶楽部の会議室に招集した。

「皆さん、素晴らしい技術がありました。それは、土木工事部の六島部長が考案された方法です」

納井田は、昨日六島部長が語った地震対策について、会議室の顧問たちに詳細に説明した。

「成程ね、古の先人たちの知恵か、それと欧米土木建築の技術を合体させるんだね、良く分からないけれど、良いと思います。私は賛成する」

設計室顧問たちを常に牽引している山野井良行が口火を切った。すると、

「私は、賛成です」

「私も、賛成」

「賛成」

と、ついに、顧問全員が賛成した。納井田は、胸を撫でおろした。そして全員に礼を述べた。

「皆さん、ありがとうございます。早速設計室に指示して、設計図に追加いたします」

会議は終了し、顧問たちは大声で話しながら会議室を出て行ったが、一人部屋に残った納井田は暫くの間、目を閉じ、椅子に座ったまま瞑想しているようだったが、目を開けると、一つ大きく背伸びをした。

「よし、これで何とかなった」と一言呟いて立ち上がり、会議室の照明を消して出て行った。

納井田は、翌日から設計室で設計担当の若い技術者と缶詰で、設計図の仕上げに没頭した。この時、顧問の笹本立夫が一人、共に設計図の仕上げ作業に付き合っていた。

二人は、技術者を鼓舞し、手持ちの資料、各新聞社からの情報、六島部長の「調査結果」そして設計室技術者の知識を駆使して、とうとう、設計図と他に最も重要である建設工事費をはじき出したのである。大まかな内容として、工事期間と工事区域を第一期から第三期まで期分けしているが、工事全体は連続したもので、休みは取らない方針であった。

第一工事は内野の観覧席を中心とした工事で、スタンド設置、鉄傘の取り付け等を主として予算額は一〇〇円とした。

外野観覧席については、土塁とするため、土は旧枝川と旧申川の堤防跡の土を使用して、観覧席は土を固めて作り上げた。土塁の土は堤防跡の土を使用したため無償で手に入った。

第二期工事はグラウンド中心に計画された。

第三期工事は外野観覧席の座席設置工事が主となり、他外周の整備工事、全体の仕舞い片付け工事となり、それぞれは概算で、第一期工事の進捗状況を見て、全体工事費を決定することとした。

設計室は、最終的な建設費用は、全体完成時には一五〇、一六〇万円くらいとし、「野球場建設工事案」を纏め上げた。

そして納井田は、十一月五日早朝、若い技術者たちが、机の上に伏せって寝ている姿を横目に、渋くなった昨夜の茶を啜りながら窓を開けると、外は雲一つない晩秋の空があった。開け放った窓からは清々しい風が流れ込み、机の上にある設計図を撫でていた。

「よっしゃ!　できあがったぞ」

と心の中で叫んだ。そして渋い茶を一気に飲み干した。

数日後、納井田と笹本は出来上がった「野球場建設工事案」を御厨社長に提出した。その工事計画案を手にした御厨は、その重みに笑顔でページを繰ると、何度も頷きながら、書類を収める未決書類箱に置いた。そして、二人に向かって礼を言った。

「良くやってくれました。素晴らしいでき栄えだ。私は諸手を挙げて採用いたしますが、問題は役員会だな」

二人は、社長室を出てドアを閉めると、手を取り合って喜び合った。

そして運命の取締役会の日がやって来た。

大正十二年（一九二三）十一月二十八日午前一〇時に定例役員会が始まった。納井田と設計室の顧問たち、若い技術設計者が苦心の結果が役員たちの前に置かれていた。そして議長の御厨が開会の挨拶に立ったとき、彼は、強烈な夢の話を始めたのであった。

「少し時間をいただいて、今から、従前より抱いておりました私の夢を語りたいと思います。よろしくお付き合いを願います」

役員たちは、一瞬戸惑ったが、御厨は間を置かず話し出した。

「私は、かねての希望は、阪神間を一つの港にして、阪神電気鉄道株式会社が、阪神間全体の交通機関の実権を掌握する、というのであります。例えば、武庫川を改修して鳴尾に築港をなし、即ち武庫川をハドソン河、またはテムズ河にするのである。しかも現今の枝川及び武庫川河畔は住宅地とし、更に鳴尾より西宮の海岸を遊園地、即ちブライトンまたはコニーアイランドにするのである。ここに巨大野球場建設もその一つである。…」

この壮大な夢を語り終えると、御厨はさらに今日の議題である「野球場建設工事案」についで熱く語るのであった。

「この、巨大な野球場建設は、明治三十二年私が我が社に入社した年で、時の外山脩造社長と固い約束を交わしたのだ。当時、日本人他アジア人は、欧米人に比べ体躯と持久力が非常に劣っていると嘆いておられた。外山翁は、戊辰の年、横浜で目撃した米国人のデカさに驚愕して、もし彼らと戦になったとき、とても勝てるものではない、何としても日本人の体躯向上を図る方法を考えなければならないと、欧米に視察に行かれました。たまたま、私もそのころ電気工学の勉強に渡米しておりまして、米国の凄さを共有できました。それやこれやで外山翁は、スポーツの振興と発展を私に託されました。そうしてその一歩であります野球場建設は絶対に完成させなければならないと思っています。本日はその大切な決議の日であります。よろしくご審議のほど、お願いいたします」

御厨のこの発言に機先を制された役員たちは、黙する術しかなかった。役員の一人が御厨に指名され意見を求められたが、立ち上がると、一言発言した。

「私は、この原案に大いに賛成いたします」

この発言をきっかけに、雪崩の如く一気に原案が可決された。御厨の作戦勝ちであった。

こうして、懸案の野球場建設を可決したが、役員会の状態はあまり芳しくなかった。それは、納井田の若さと強引さが問題視されていたからだ。その影響が役員会の決議を左右する状況にあったが、御厨はそれらを払拭するため、初代社長外山脩造との約束と、自分の夢を語り、役員会の雰囲気を一掃したのであった。

役員会の結果を、首を長くして待っていた設計室の面々は、電話の呼び出し鈴の音に一瞬緊張して静かになった。

「決まったよ、全会一致で決定した。これからが始まりだな、しっかりやり給え」

御厨の声も少々弾んでいるようであった。納井田は受話器を置くと、顧問たちと若い技術者たちに大声で発表した。

「決まりましたよ、野球場建設が決定しました」

納井田が発した「決定」という大声に、室内に万歳の歓声が上がった。

御厨社長は、役員会の結果を当日の日記に簡単に記していた。

「十一月二十八日、水曜日、雨、取締役会は、枝川グラウンド建設を決定した」

翔太は、日記を読み終えると、基綱の性質を垣間見た気がした。事務的であり、日記にさえ物事に一喜一憂することがない、実に冷静沈着で、根っから豪胆であった。

「基綱爺さんの精神的強さは何処から出てくるのか、驚きだ」と呟いた。


こうして、納井田が「野球場建設」の責任者に抜擢されてから七カ月が経過していた。この時点で、計画は順調に進んでいるようであったが、そうではなく、九月に発生した東京大震災の影響がここに来て、関係者の前に立ち塞がった。関東地方で地震後の復興が始まり、人と物資が関東地方に送られ、関西地方は、人も物資も調達が困難になっていた。このため、実質的に野球場建設工事の着工は四カ月間ずれ込むことになった。工事関係者は、できる範囲で準備を始めるのであった。そして大正十二年が終わろうとしていた。

御厨は、自宅の神棚の清掃と新年の飾りつけを行っていたが、この一年を振り返りながら、外山社長を思い出していた。

「最後の約束をもう少しで果たせます。来年の八月には東洋一の大スタジアムが完成します」

御厨の瞼に一筋の涙が光っていた。

新年を迎えた。大正十三年一月七日の御厨の日記に、建設する野球場の名称について少し書かれてある。

「鳴尾グラウンドについて話し合う。立山技術長と」

そして、朝日新聞社も毎日新聞社も、「野球場建設計画」策定の段階で、設計室に顧問として人を送り込んでいるため、関東大震災の関連記事に併せて、阪神電鉄の野球場建設に関する記事をその都度掲載していた。

一月十七日付毎日新聞には「枝川に新設の阪神運動場」の見出しで、新球場建設を伝える記事が出た。

この時点では、球場の名称は、御厨の日記では「鳴尾グラウンド」とあり毎日新聞では「阪神運動場」とある。まだ「甲子園球場」は出てこない。

大正十三年二月六日付の日記には、

「雨後曇り、大林の人たちが甲子園グラウンドの設計図と見積書を持ってくる」と、初めて「甲子園」という名称が出てくるが、突然の出現に、一体誰の発案で命名し、何時決定したのか興味が尽きない。さらに。

大正十三年二月一日、「ミーティングが開かれた」と御厨の日記に記されている。このことから、「甲子園」の名称は、この日のミーティングの席上で決定されたものとであろう。このミーティングという表現は、御厨の米国仕込みの表現方法で、察するに取締役会のことと断定できる。そして、この「甲子園」という名称を提案したのは、他でもない御厨本人である。その根拠は、やはり彼の日記から読み取れる。

翔太は、基綱という人物がとても信心深い人で、神社には節気ごとに参詣していたことに、あるギャップを感じた。物事に対して豪胆な決断をする反面、神仏を尊ぶ心の柔軟さに驚かされた。そして続けて日記を読んだ。

大正十三年、年初めに西宮神社の恵比寿さん詣に行っている、

当日は、阪神西宮停留所から、南に向かい西宮神社の門まで大混雑で、歩くというよりは摺り足で、一歩一歩前に進む状態であった。そのまま、東門を潜って境内に入ったとき、眼前に大きな看板が立てられてあった。その看板には恵比寿さんの顔が大きく描かれ、その横には今年は特別な年であると、説明が書かれてあった。

御厨は、この看板の説明書きを読んで閃いたと書いてある。その看板の説明書きとはどのようなものであったのか。

「大正十三年、甲・子の歳」とあり、干支の十干、甲・乙・丙・丁・戊・己・庚・辛・壬・癸と十二支、子・丑・寅・卯・辰・巳・午・羊・申・酉・戌・亥の組み合わせで干支の始まりとなり、六〇年に一度巡り合う年である。

吉兆の始まりと解釈され、一般社会では、誕生から六十年目は「還暦」と称され、家族や周囲から祝福される」とあった。

「これだ。甲と子を組み合わせると、『甲子《こうし》』と読める。何と目出度い呼び名だ。それに、人々が目的に応じて設けた場所・施設の意味がある『園』を付けると『甲子園』となる。これは良い、素晴らしい。『甲子園』これで行こう」

御厨は年の初めに吉兆を手にした気持ちになり、最高の新年であると喜んだ。

大正十三年(一九二四)一月一日、阪神電気鉄道株式会社新年の取締役会が開催され、その席上で、御厨社長は役員たちを前にして、議題の一つである新建設野球場の名称を提案した。

「では、今年に建設いたします野球場の名称を提案いたします。それは『阪神電車甲子園大運動場』です。略して『阪神電車甲子園球場』となります。如何ですか、分かりやすく、親しみやすい名称であります。この名をご提案いたします」

社長の紅潮した顔と、自信気に話す姿に役員たちは引き込まれ、全員が賛同した。こうして、「阪神電車甲子園大運動場」と決定し、現在の「阪神甲子園球場」に繋がるのである。

球場名の選考については、工事責任者である納井田康介が、阪神電鉄の社史『輸送奉仕の五十年』の座談会の中で、甲子園球場の命名に関しての発言が残されている。

「御厨社長から、建設工事中に、何か名を考えるように言われましたので、僕らも色々と案を出しましたが、どれもこれも採用されず。結局、役員会の方たちで付けられたもので、名前のいわれは、ご存知の通りです。その頃の重役は漢学の素養があった訳ですな」

と語っていた。

こうして、全ての課題が解決し、残すところは工事の着工のみであった。

翔太は、基綱の日記を閉じると、野球場建設に至るまでの多くの問題を精力的に処理してきた阪神電鉄役員たちの純粋かつ大胆な心意気で行ってきた企業経営を尊いものとして、現在に生かし切れていないことを残念に思った。

東洋一の球場建設工事が始まった

大正十三年（一九二四）三月十一日、旧枝川と旧申川の中州一帯を埋め立てられた荒涼とした砂原に、三つの天幕が立てられた。周囲には見た目も鮮やかな紅白幕が張りめぐらされ、いかにも晴れがましい空気が漂う中で、地鎮祭が始まろうとしていた。

阪神電鉄の社長御厨基綱、重役、会社関係者、工事業社、県知事、各市町村長等三〇〇名ほどがうち揃う中で、一段と胸を張った男がいた。それは納井田康介で、彼は万感迫る思いで、早春の砂原を見渡していた。

地鎮祭が始まった。鳴尾八幡神社天宮十全宮司が祝詞を厳かに読み終えた後、御厨社長が奉告を行い、その後で、社長、重役、招待者の代表等一一名で鍬入れ式が行われ、地鎮祭の幕が閉じた。そして、本格的な工事が始まろうとしていた。

三月十六日に「阪神電車甲子園大運動場」の建設工事が始まった。

現地工事事務所前に立てられた旗竿には真新しい日の丸が掲揚され隣には阪神電鉄の社

旗が鳴尾の浜から吹かれてくる浜風に姿良く揺れていた。まるで工事の完成と野球興業の成功を願っているようであった。

しかし、工事開始のこの日から、完工までの四カ月間は不眠不休の工事の連続であった。本邦初の、本格的野球場建設工事で、関係者の中でも本格的な野球場は見たことがない、また知識もない、米国発の資料が全てであった。さらに輪を掛けて、米国の本格的なスタジアムを見たものは少数であった。地鎮祭を迎えたこの日に至るまで、まず無いない尽くしの状態で設計に取り掛かった。例えば、野球場そのものの立地は、東西南北で、どの方向に向ければよいのか、もし、方向を間違って設置し、試合中逆光により、選手が飛んできた球を見失ない、試合そのものが続行不可能になる恐れが出てくる。正確な立地が必要である。また、ピッチャーズマウンドの高さは、勾配は、グラウンド全体の水捌けは、スタンド前の防球ネットの高さは、バックネットの形状は等々。

設計室の若い技術者たちは、苦労に苦労を重ねたが、自分の能力を十分に発揮し、知り得た知識を全て図面の上に描き上げた。その設計図を基にした建設工事の地鎮祭も無事に終え、いよいよ本格的な工事開始に胸を躍らせていた。

納井田康介は、この日の早朝に、工事現場で直接工事を指揮監督する請負会社の幹部たちを集めた。

神座田組《かむくらたくみ》現場総監督の神林寺勇《かんばやしでらいさむ》工事部長、下請け朝木山土木会社現場小頭・田光雄一《たみつおいち》、孫請け脇山興業社長脇山卯吉が顔を揃えていた。

「皆さん、いよいよ、工事が始まります。本日から完工の日まで工事は休みなく行います。この長丁場を事故なく進めるには、作業員の健康が大切です。もちろん皆さんには釈迦に説法とは思いますが、健康には十分ご配慮願います。では、工事完工までよろしくお願いいたします」

朝礼が終わった。初日のため少々緊張感が漂っていたが、総監督神林寺の一声で落ち着きを取り戻した。そして会議室に集まった工事関係者に作業指示が出された。

「分かりました。スタンドのコンクリート打設班は基礎鉄筋組と矢板の取り付けを行います」

小頭の田光はスタンド建設が主な担当で、作業員一一人を呼ぶと、彼等を引き連れて工事用資材の運搬を始めた。

「では私共は、鉄骨の組み立てを行います」

脇山社長も作業員九人を連れて小走りに鉄骨置き場に向かった。脇山は主にグラウンドを担当していたが、第一期工事は内野スタンド設置工事が中心のため、工事開始時期は、大屋根用の鉄骨組み立て作業に従事していた。

内野スタンドのコンクリート打設班は、外壁の位置を示している丸太杭と縄張りを確認すると、そこに矢板止の丸太杭を縄張りに沿って打ち込んで行った。この時、荒涼とした砂原に杭を打つ掛矢の音が早朝の工事現場に響き渡った。その音は、まるで「工事開始だぞ」とせわしく合図しているようであった。

午前中に、内野スタンド外壁縄張りに約二〇〇本以上の杭が打ち込まれ、その杭の内側にも矢板を止める杭が打ち込まれ、同時に杭と杭の間に、長さ一間、幅半間の矢板が一枚一枚はめ込まれ、矢板同志を固定するため、矢板の両端に鉄筋を通しボルト止めして、コンクリートを流し込んでも漏れ出さないようにきつくボルトを締めた。

内野スタンドの形状は、設計図によると、鉄筋コンクリート三層造りで五〇段の座席を取り付ける。スタンド垂直の高さは四七尺二寸（約一四・三メートル）となる。この内野スタンドにコンクリートの打設が始まった。一階で練り込まれたセメントと砂利はコンクリートとなって、臨時に設置された工事用エレベーターで三階まで運ばれ、矢板で囲われた型枠の中に流し込まれた。そして作業員たちが突き棒で突き固め、コンクリート内の空気を抜き、隙間のないようにしている。

猫車にコンクリートを満載して走る作業員や、スタンドでコンクリートを突き固めている作業員たちは、褌一本でも大汗を流していた。コンクリート打設作業は、それこそ昼夜にわたって休みなく続けられた。

工事中、表向きには何事もなく、工事は順調に進んだと記録にはあるが、普通、常識的には、これほどの大工事で、それも短期間の突貫工事なると、無事故で完工するはずがない、当時、工事に参加した作業員たちが、口伝えに残した事故の話が伝わっている。

一つは、コンクリート打設中に起こった事故である。三階付近でコンクリート打設中に、型枠を固定していた鉄筋が破断したため、型枠が分解して落下した。そこへ流し込まれたコンクリートが、破断した型枠から外部へ流れ出て、外周工事中の作業員の頭上に落下する事故が何回か発生した。その時の状況をしっかり記憶していた作業員の家族の話として伝わっている。

「おい、お前たち、どこに目を付けていやがる。型枠がぶっ壊れてコンクリートが外に落下しているだろう。早く型枠の中に仕切り板を入れてコンクリートの流れを止めるんだ」

田光の大声が響いた。作業員たちは、小頭の大声に弾かれたように動き、仕切り板を型枠の中にはめ込み、コンクリートの流れを止めた。

このコンクリート流出事故で、外周で作業中の作業員たち数人が、頭部にコンクリートを被り裂傷を負ったが、その記録はない。

また、大屋根設置工事では、鉄傘を受ける鉄骨支柱を立てるとき、支柱の天端をチェーンで止めて持ち上げるが、このチェーンが破断し、バランスを崩して鉄骨支柱がスタンドに倒れ込んだ。そして鉄骨の破片が周囲に飛散したため、工事用設備や資材を破損した。しかし人的被害は伝わっていない。

これら、事故の記録は正式に残されていない。全て当時の作業員たちが残した口伝で、小さく語り継がれてきたものであった。

工事は進み、内野スタンドは、大屋根を葺く作業が残されているだけになった。

内野以外のスタンドについては、現在のアルプス席は球場建設当時、内野でも外野でもない場所で、土塁で設置されていた。その上に、幅三五センチ、厚さ三センチ、一枚三・六メートル、という横長の桧材を置き座席を取り付けた。

このアルプス席が、現在のような五〇段になるのは、昭和五年まで待たなければならない。

外野スタンドは、土盛りのままで、座席はなく土の上にそのまま座って観戦するようになっていた。

工事が進行していく中で、ある日、設計顧問の上田一政と倉本宗一が工事現場に姿を現した。二人が現場を訪れた頃は、内野スタンド外壁のコンクリート打設工事が始まって暫くした頃で、野球場の形として確認できるのは内野スタンドだけで、他は、各所構築物の位置を表す打ち込まれた丸太杭と縄張りがあるだけで、野球場全体の姿は想像するだけに留まっていた。二人は、内野スタンドの前に立ち、外野と思しき方向に目をやり、同時に呟いた。

「広いな」

「確かに広い」

「うん、広いし、デッカイ、これでは、内野スタンド五〇段目の座席からは球が見えないのではないか」

二人は、心配気にグラウンドを一周歩き終わると、工事現場事務所に入って行った。

室内では工事責任者の納井田康介が、机の上に広げられた工事図面に目を落としていた。

二人は納井田を見つけると、同時に声を掛けた。

「広いね、思っていたよりデッカイな」

二人の掛けた声に、納井田は振り向くと、真っ黒に日焼けした顔の中から白い歯が見えた。

「その通り、デッカイでしょう。専門家のお二人でも驚いたでしょう。この野球場は、デカイも売り物になると思いますよ。私の思っていた通りです。完成したらみんな驚きますよ」

納井田は、二人の心配も気に留めず工事図面に見入っていた。結局、上田一政と倉本宗一の心配は、現在の阪神甲子園球場の盛況さを見れば、いらぬ心配であった。

工事は進み、着工から三〇日余りで、五〇段のスタンドと、それを覆う大屋根設置工事が完了した。

明治に入り、欧米の土木建築技術を日本人建築家たちが一心に学び、技術と知識を手にした。その手にした技術を大いに発揮し、日本全国に西洋風建築物を多く建造していった。こうした技術で甲子園大運動場の、内野スタンドとそれを覆う大屋根が建造されたのである。

翔太は、建築学を専攻する人間として、残された当時の設計図の一部を詳細に読み解くと、驚きの感情で胸がいっぱいになった。

「一〇〇年前の技術と知識で、限られた時間の中、よく工事ができたものだ。基綱爺さんも納井田さんも強引と言えば強引だが、人を信頼してなおかつ自分の信念を貫くための覚悟がすさまじい。大したものだ」

当時の状況を思い描いて、翔太は再び資料に目を落とした。

野球場の命、グラウンドの土造り

四月二十一日の早朝、工事現場の近くに建てられた工事事務所で、第五回目の工程会議が始まっていた。この日は御厨基綱社長も会議に参加し、工事に関して一つの提案を考えていた。

会議室には、御厨社長、設計顧問一一人、設計技術者三人と、工事関係者の神座田組現場総監督神林寺勇工事部長、朝木山土木会社田光雄一現場小頭、脇山興業社長脇山卯吉と、総勢一八人が顔を揃えた。

「それでは、会議の前に御厨社長よりご挨拶をいただきたいと思います」

納井田が御厨の顔を見て促した。

「皆さんお早うございます。本日は第五回の工程会議の場ですが、工事は順調に進捗していることは喜ばしいことであります。これはひとえに皆様のご奮闘の賜物と感謝申し上げる次第です。今日も、明日もそして工事が完工するまで無事故でありますよう、そして皆様のご健康を祈念して、私の挨拶と致します」

「社長有難うございました。皆さん、後ほど社長から工事方法に関してご提案がございます。では社長、後ほどお願いいたします。では、本日はグラウンドの『土』の件で討議したいと思います。グラウンド設置担当の脇山さん、ご報告お願いいたします」

納井田に指名された脇山は立ち上がると、社長の顔が目に入り少々緊張気味の声で話し出した。

「グラウンドの土の件ですが、以前、納井田さんから頂いた鳴尾グラウンドの資料を検討しつつ同時にいろいろな土を調査しましたが、その内容をご報告いたします。まず鳴尾グラウンドで使用された淡路島の赤土と、武庫川から運んだ川砂を合わせたところ、相性は誠に良好で、色目も程よく赤みがかって見やすいのですが、ここ、甲子園のグラウンドで実際に試験しますと、問題が二点出てきました。一つは赤土の粘りが思った以上に強く、水を多く含むと、作業員の地下足袋にもへばり付き、歩行が困難になるくらいです。このままでは野球どころか、子どものかけっこもできないでしょう。それともう一つは、合わせた土の色が、春、秋は良いと思われますが、夏の大会では選手の目に悪い影響が出そうです。この二つの問題を解決するためには、もう一種類の土、『黒土』を合わせれば上手く行くと思いますが、条件に合った黒土を探すのに時間が掛かります」

脇山は、土に苦しめられている様子で報告を終えた。彼が席につくと同時に御厨が手を挙げた。

「実は、先日脇山さんがグラウンドの土で苦労していると、神林寺さんから聞いてね、何とか協力できないかといろいろ情報を集めた結果、その黒土が、それも意外にも、我が社の沿線で見つかりました。本日はそれを話したくて会議に出席しました」

会議室にざわめきが満ちた。御厨は、そのざわめきが収まるのを待った。そして、ざわめきが収まると、待ってたとばかりに話を続けた。

「少し前に、私は息子と二人で神戸見物したとき、以前の居宅が懐かしくなり、息子にそのことを話すと、息子は自分も見たいと言ったので、それではと、行くことになった。神戸異人館街近くの北野坂あたりにあった旧宅まで行くと、今は花屋に様変わりしていましたが、建物は昔のままでした。懐かしく眺めていると花屋の店員が、私たちを訝るものだから、慌てて花鉢を一つ買ってしまった。ワハハハ」

御厨の長い話に、室内の人たちは呆気に取られていたが、御厨は構わず話を続けた。

「折角神戸北野まできたから、布引の滝を見物することになり、山道を登って行くと、途中で息子が言うに、『お父さん、あそこの大根畑のダイコンを良く食べたらしいね、お母さんが大根を調理する都度話していましたよ。大根を見ると思い出します。北野に居たころ、お父さんは散歩に行くと、必ず着ているものを泥だらけにして、大根を五・六本荒縄で束ねてそれを肩に担いで帰ってきました。どうしたのって聞くと、お父さんは散歩の途中で熊内の大根畑に立ち寄って、大根を収穫していたお百姓さんと話し込み、自分も収穫作業の真似事をしたらしいの、それで着ていたものは泥だらけになったって、大根はお礼にいただいたそうよ』と言っていました」

と、御厨は、楽しそうに話していたが、室内の人たちは俯いて話を聞いていた。流石に納井田は立ち上がり、遠慮がちに、御厨に声を掛けた。

「社長、そろそろ結論をお願いいたします」

御厨は、納井田に結論を促され、頭をかきながら話を続けた。

「すみません。結論ですね、それは熊内の大根畑ですよ。この大根畑の土がサラサラした黒土でね、甲子園のグラウンドの土に適しているのではないか、一度試してみたらどうかと思ってね、本日このことを提案しに来た訳です」

と、話し終わると腰を掛けた。

「皆様、社長のご提案に対してご意見ございませんか」

納井田の問いかけに、通常、社会では社長に対しての意見は憚られた。しかし、御厨は日頃より、会議は意見あっての場であると、そしてどのような意見でも歓迎していた。すると脇山が手を挙げて立ち上がり、発言した。

「社長ご提案の『熊内の黒土』は畑土のため、パサパサした黒土とのこと、これは正に甲子園の土かも知れません。実は、先ほども言いましたが、淡路の赤土は粘り気が強く、武庫川の川砂と合わせても、水を含むと靴に絡み、走りにくくなる恐れがあります。それを解消するには、パサパサ黒土と粘り気が強い赤土と、さらに武庫川の川砂を合わせることにより、最適の土ができると思われます。早速試験しては如何でしょうか」

脇山が一気に喋ったが、次いで、御厨が嬉しそうな顔をして、話し出した。

「そうですか、そうですか、役に立ちそうですか、それは良かった」

と一言呟いた。すると、納井田が立ち上がり脇山を見て聞き返した。

「脇山さん、試験すると言っても、ただ、闇雲に三種の土を合わせたところで、理想の土ができるとは思われませんが、どのような試験を行うのですか」

いきなり、納井田に確信を突かれた脇山は下を向いてしまった。そのとき設計室顧問の大西弥左衛門が発言の許可を求めた。納井田が発言を許可すると、大西が険しい顔つきで話し出した。

「納井田さん、確かに土つくりは難しいでしょう。土はグラウンドの命ですからね、ですから、熊内の土だけでは心許ないので、どうでしょう。他の土も試験してより良い土を見つけてはどうだろうか、実は私も一件耳にしています。それは、尼崎を流れている蓬川の川底へドロが黒土らしいと聞きました。この土も試験してはどうでしょう」

大西は、御厨に対抗した訳ではなかった。一件よりも二件三件と策があるのが理想的であると述べたかったのだ。

「では、淡路の赤土と、熊内の黒土と、蓬川の黒へドロと、武庫川の川砂の四種で試験することにして、その試験方法についてご意見ある方はおられませんか」

納井田が室内全員の顔を見つめていると、テーブルの中ほどに座っていた設計室顧問の倉本宗一が手を挙げた。

「土の問題を解決する手段として、ご提案いたしたいのですがよろしいですか」

と前置きしてから話し出した。

「実は、御社の用度課に福井清一という人がおられますが、彼が、グラウンド全体と土についての問題を解決してくれると思います」

倉本の話に室内は、ざわめいた。

「倉本さん、当社にそのような人物がおるのですか、私は少しも認識していなかった」

納井田の問いに倉本は、コホンと一つ咳払いをして、話を続けた。

「彼は、私の後輩で大正二・三年ごろ慶応大学の野球部に所属して、リリーフ投手兼外野手として活躍した人です。納井田さんよりは年上です。職場はセメント係で、土もセメントも十分知り尽くした技術屋で、きっと良いグラウンドを造ってくれると思います。どうですか、設計室の一員に招いて、グラウンドの土をつくらせては」

納井田は、倉本の発言中にもかかわらず立ち上がると、御厨の顔を見て、倉本の提案を取り上げるように訴えた。

「社長、今の倉本さんの提案お聞きになりましたか、如何ですか、私はこの提案には賛成です。社長、どうか福井清一さんを設計室の一員に配転願えませんか、お願いたします」

と、強引に願い出た。

御厨は、納井田の強引な願いに、暫くの間考え込んでいたが、立ち上がると、回答した。

「納井田君、福井君も組織の一員で職場も決まっております。職場長の意向も聞かなくてはならない、まして本人の気持ちも確認しなくてはならない、事は複雑だ。少々時間をくれたまえ。倉本さんの推薦もあることを付け加え、話をしてみます」

納井田は、御厨の回答に気を良くしたのか、御厨の着席を見て工程会議を終了した。

会議室から、退室する人たちの中から、納井田は脇山の横に立ち、両手で肩を軽く叩くと一言伝えた。

「脇山さん、黒土の件よろしくお願いいたします」

と、言った後、先に退室し、御厨の後を追い、背後から呼び止めた。

「社長、ありがとうございました。福井さんの件、くれぐれもよろしくお願いいたします。」

納井田は、豪気にも社長に対して釘を刺した。御厨は、その態度をやる気満々の表れと見ていた。工程会議終了後、担当者はそれぞれの仕事をこなしていた。そして、一週間後に御厨から納井田の処に連絡が入った。

「福井清一君のことだがね、所属長が了解してくれたよ、明日、君の処に福井君が行くはずだからよろしく。それと熊内のダイコン、いや黒土のこともね」

御厨の話に、納井田は右手に拳を作り大きく振った。

「やったー!」

と心の中で叫んでいた。

翌日の早朝、福井清一は工事事務所に納井田を訪ねた。出で立ちは、さすが慶応ボーイ、純白のスーツに手にはカンカン帽を持ち、足元は、これも夏らしく真っ白の革靴を履いていた。一見して、とても工事現場には合う恰好ではなかった。

出迎えた納井田は、ワイシャツにネクタイを締めていたが、上下は作業服で足元は地下足袋を履いていた。二人の姿は対照的で、傍で見ている人たちには、面白く思えたに違いない。

「私、元用度課の福井清一と申します。所属長の命により本日から大運動場建設設計室に異動になりました。よろしくお願いいたします」

と頭を下げた。

納井田は、福井の姿に少々戸惑ったが、とりあえず挨拶を交わした後、工事事務所の三部屋を回り、各担当者に紹介した。特に設計室には若い技術者が四、五人詰めていた。その活気溢れる室内の空気に、福井は強く自分のやる気を感じた。工事事務所を出た二人は、大声が飛び交う現場近くまで来ると、鉄骨同士がぶつかり合って出す大きな音が二人を包んだ。

「脇山さん、ちょっとよろしいですか」

納井田に呼ばれた脇山は、手にしていたチェーンを作業員に手渡し二人の前にやって来た。

「脇山さん、元用度課現場セメント係の福井清一さんです。本日付で設計室に配属されました。仕事は主にグラウンドの土を研究してもらいます。脇山さんは、土探しと土づくりを行っておりますので、お二人で協力して、甲子園の土をつくってください」

二人は、納井田に丁寧に紹介された。その場では、脇山も納井田と同様に、福井の姿に戸惑っていた。

「脇山さん、明日からお願いいたします」

と、言い残して二人は各現場を見て回った。

福井の姿に戸惑った。納井田と脇山は、翌朝、福井の姿にもう一度戸惑うことになる。

「お早うございます。本日からよろしくお願いいたします」

と、福井は大きな声で挨拶しながら工事事務所に入って行った。すると、室内では、納井田を中心にして現場担当責任者数名が茶を啜っていた。

「お早うございます…」

と返した納井田の目に映ったのは、福井の姿で、彼は慶応大学野球部のユフォームを身に着けて立っていた。その姿に、室内で茶を啜っていた現場責任者たちは、あんぐり口を開けて福井を見つめていた。

納井田は我に返ると福井を紹介した。

「福井さん、神座田組の神林寺さんです。朝木山土木の田光さんです。脇山さんは昨日紹介しました。皆さん、グラウンドの土専門家、福井清一さんです。本日から皆さんとご一緒に仕事をやっていただきます。よろしくお願いいたします」

納井田による双方の紹介が終わると、事務所の連中は残った茶を飲み干すと、各現場に散って行った。

脇山は、福井の挨拶が終わるのを待って、グラウンドの土が積み上げられている場所に案内した。

「福井さん、ここで土の試験を行います。蓬川の川底へドロはこれです。熊内の黒土はここにあります。武庫川の川砂と淡路の赤土はここに積んであります。後は福井さんが指示してください。時間がありませんので、今から始めたいと思います」

脇山の説明を聞いた後、福井は手帳を出すと、小さく書かれた数字と文字を確認した。

「脇山さん、まず蓬川の川底へドロを撒いてください。天日干しして様子をみましょう」

福井は的確に指示した。脇山は部下の作業員を呼び福井の指示を伝え作業を始めた。作業員が、バケツ十数杯の黒いヘドロをグラウンド表面に撒いた。そして二日間の天日干しを行い、乾燥に伴う変化を見た。晴天の強い太陽光線に晒されたヘドロは、たちまち水気を蒸発させ、その後には白い川砂が残っていた。

「福井さん、これは駄目ですね、ただの川砂ですね」

脇山は少々気落ちした様子でその砂を握りしめ、その後、指の間から少しずつ地面に落として行った。

しかし、福井は慎重であった。

「念のため、明日まで待ちましょう」

脇山は、昨日から福井と行動を共にして、彼の人間性を見た気がした。そして彼に対する信頼度は急速に高まった。それは昨日の慎重さに裏付けされるものであった。そして、この日から約三週間にわたって、二人は土と闘うことになる。

「脇山さん、蓬川のヘドロは普通の川砂と判明しましたので使用できません。残る三種で試験をしましょう。まずは黒土と川砂を合わせ、土の色目を見ましょう。そこに三カ所見本を作ってください」

福井は、見本の三カ所を指示した。一平方坪を一間間隔に三カ所、位置を決め、天日下の七日間様子を見ることにした。その結果、色目以前に砂のサラサラと黒土のパラパラを合わせると、時々強く吹く浜からの風に舞いあがり飛んで行った。

「福井さん、想像した通りでしたね、これでは折角社長さんと、大西さんに紹介していただきましたが、両方とも使い物になりませんね。どうしましょう」

脇山は、頭に手をやり福井の顔を見た。しかし、福井は諦めていなかった。

「脇山さん、まだ試験は終わっていませんよ。ほらあの土を見てください」

脇山は、福井が指さしたところにある土を見た。

「あれは、淡路の赤土で、粘り気が強く扱いにくい土ですが、大丈夫ですかね」

脇山は、赤土に近づくと塊一つを手に取り福井に見せた。

「強いでしょ、この粘り気はどうにもなりません」

脇山の諦めきった口調に、福井は自信あり気に話し出した。

「脇山さん、できの悪い土同士混合して悪い性質を取り除き、良い性質に変化させるのですよ」

「それは、どういうことですか」

脇山は、興味津々に確認した。

「淡路の赤土は粘り気が強い、熊内の黒土はパサパサし、川砂はサラサラとして、単独ではグラウンドの土としては失格です。しかし、それぞれの性質を利用したらどのような土が出来上がりますか、明日からやってみましょう」

福井の言葉に希望を持った脇山は、部下の作業員に対して、明日、試験を行う準備を指示した。

「いいか、五坪の広さを一五個作るんだ。その中に先ほど指示した三種を合わせた混合土を敷き詰め、転圧を行いしっかり固め、夕方にその上から散水しておくように」

脇山が明日の準備が整ったとき、日没を迎えていた。

「お早うございます。見本素晴らしいでき栄えですね」

と、声を掛けながら、ユニフォーム姿の福井が立っていた。その福井の姿は、昨日も見ていたので、見慣れていると思っていたが、脇山は堪えようとしたが、堪え切れずとうとう声を出して笑ってしまった。しかし、福井はその笑いを気にも留めずに、屈伸運動を始めた。その間五分ほどは、脇山はどう切り出したものか困惑していたが、一方の福井はさらに声を出して屈伸を続けている。そして、予定の運動が終わると、脇山に声を掛けた。

「さあ始めましょう。脇山さん、この先発生する出来事は全て記録してください。例えば、土の動き、埃の舞い上がり具合、私の足の状態、そして皆さんが気付いたことを全て記録してください」

福井は、指示を出しながら駆け足で三〇メートル先まで行くと、そこで反転し、脇山に声を掛けた。

「行きますよ」

と、合図を送ると、福井は猛スピードで見本の土を目指して走ると五メートルほど手前で見本の土に滑り込んだ。

「どうですか、記録してくれましたか」

福井の大声に、我に返った脇山と作業員たちは慌てて野帳に書き込んだ。
①土の動き大
②埃の量多し
③走者、土の上通過
福井は、脇山たちの記録を見ることなく次の試験を行うと指示した。

「脇山さん、この見本の土は軽すぎますね、もう少し赤土を多くしましょう」

脇山は、試験を真剣に取り組んでいる福井の姿に、ますます信頼の情を深くするのであった。

「さあ、次の見本ですよ。行きます」

こうして、一五回の試験を実施したが理想の土は見当たらなかった。一五個目を終わった福井はユニフォームに付着した土を払い落としていたが、その姿は夕日に照らされて余計に黒っぽく見えた。

「脇山さん、明日の土は、赤土と黒土を多くして一五個の見本を作ってください。明朝も試験を続けます」

福井は、脇山に指示した後、ユニフォームに付着した土を払い落としながら、工事事務所に入って行った。

翌朝、七時三〇分、福井は真新しいユニフォーム姿で、見本の土の前に立っていた。

「早いですね、準備は整っています。何時でも始められますが」

脇山の声に、振り返った福井は笑顔で返した。

「早速始めましょう」

福井は、昨日来の疲れは微塵も見せずに猛スピードで走りだした。三日も続けて、野球のユニフォーム姿で走っては滑り込む、あまりに珍しい光景に、他の工事個所の作業員たちが、手を叩き、大声で囃子立てた。

「何をしてやがる。ここは子どもの遊び場じゃないぞ、いい加減に工事現場で遊ぶのは止めろ」

と、一人の作業員が叫んだ後、それを耳にした脇山が猛然とその作業員に走り寄り、大声でやり返した。

「何を言いやがる。我々は東洋一のグラウンドを造っているんだ。馬鹿なことを言うんじゃないよ。それこそ、無駄口を叩いていないで、手足を動かして仕事をしろ」

脇山の勢いに後退りした作業員たちは、その場から移動して姿を消した。

「福井さん、さあ続けましょう、今までの記録はしっかりと取っています」

脇山に促された福井は、試験を続け、走っては滑り込み、滑り込んでは走った。その都度土の状態と福井の姿を記録し、その記録を基にして、何回も土の配合を変えた。一〇日目に入ったころは、福井を見て笑うものは工事現場から消えていた。そしてその日が訪れたのである。

「脇山さん、できたよ。良い土ができましたよ。今日三番目に試験した見本の配合が丁度良い。このグラウンドの土にピッタリのでき具合いだ。みんな、今日まで良くやってくれた。私は満足しています」

と礼を言った後、作業員に納井田を呼ぶように指示し、自分は、最後の記念と称して、走って滑り込んでいた。そして、工事事務所から納井田が息を切らして走って来た。

「福井さん、相も変わらず土だらけですね、慶応ボーイが台無しだ。皆が囃し立て揶揄ったはずだ。しかしとても素晴らしい姿ですよ」

福井は、納井田の冗談を笑顔で受け見本の一つを指さした。

「とうとう出来たのですね、本当に甲子園の土が出来たのですね」

納井田は、見本の土を手にすると、固く握りしめた。そして、その土をグラウンドに撒いた。

「よし、社長に報告します。脇山さん、明日から早速見本通りの土を作ってください。よろしく」

こうして、難題の一つが解決したため、納井田は小躍りして工事事務所に戻ると、大阪事務所に電話を入れ、御厨社長に土が完成したことを報告した。その時、混合した成分の基が熊内の黒土で、そこに淡路の赤土と武庫川の川砂を合わせたものと付け加えた。すると御厨が一言返してきた。

「いよいよ東洋一のグラウンドができるのだね、ご苦労さまでした」

納井田は電話を切ると、両手を大きく掲げ背伸びをした。

五月に入った。雨が少ない。その分スタンド関係は工事が進んだ。しかし脇山は浮かぬ顔をして福井とグラウンドの全体仕上げに入っていたが、土の搬入、土均し、転圧に時間を取られていた。作業は全て人海戦術で、土の運搬はモッコと猫車で運び込んだ。その土を鋤簾と鍬、鋤で整地し、転圧には蛸と槌で固めたが、約九千平方メートルのグラウンドを仕上げるには、とてもじゃないが時間が足りなかった。日に日にその遅れが目立つようになってきた。脇山は、福井と相談した結果、工事現場の小頭である田光に、工事の遅れを報告した。そして、工事の遅れを取り戻す方法を相談した。

スタンド関係を主に担当している田光はグラウンドを見つめて脇山に答えた。

「そうだな、蛸や槌と叩き板ではな、時間がかかる。転圧の方法に問題があるな、わしも今は良い方法は考え付かないが、総監督の神林寺さんは土木建築の専門家であるから、なにか方法を知っているかもしれないので、俺から話してみるわ」

田光は、脇山の相談を受け、その対応策を求めて工事事務所に向かった。田光がドアを開けようとすると、室内から納井田の笑い声が聞こえてきた。

「みんな、揃っているな」

と、呟いた田光はドアを開けて中に入った。

「総監督、少々ご相談あります。今よろしいでしょうか」

田光は少し遠慮気味に声を掛けた。

「何か、問題でも発生したのか、丁度良い納井田さんもおられる。相談内容はどのような事ですか」

田光は、脇山から受けた相談内容を話した。

「ほう、土の転圧に時間がかかり工程に遅れが出ているのか」

「はい、転圧方法に問題がありますようで。現在は、蛸、槌、叩き板等、人海戦術で作業を進めています。何か、作業が進む方法はないでしょうか」

「転圧用ローラーが有るではないですか」

神林寺はいとも簡単に言ってのけた。

「そのローラーは関西には全く無いのです。昨年発生した東京大震災の復興で、土木関係の機械も人も全て東京に行っています。何も残っていない有様です」

田光は、お手上げの状態であるという顔をした。すると、神林寺は田光と反対に笑顔で答えた。

「それほど悲観することないですよ。ローラーは有るところには余るほど有りますよ。そこは大阪市です。彼の市は、現在新阪神国道の建設工事を行っております。道路整備工事には転圧用ローラーが必需品だからね。絶対大阪市には有るはずだ。納井田さん借りてもらえませんか」

意外な話に納井田は戸惑ったが、もし借用が可能であれば、頭を下げても借りて良いと思った。

「ところで、誰が大阪市に出向くのですか」

納井田が、神林寺に聞くと、神林寺は、簡単に答えた。

「それは、阪神さんの仕事ですよ」

「えっ、電鉄が借りることになると、社長名で借用依頼することになる」

「当然ですね、相手は大阪市ですから、丁重にお願いしてください。絶対条件は借りることですからね」

神林寺の話に、納井田は少し腰が引ける思いであったが背に腹は代えられない、と横の机上にある電話の受話器を取った。

「はい、納井田ですが、実は社長に誠に申し上げにくいことが発生しまして、ご相談いたしたくお電話を差し上げました。お時間を頂けますでしょうか」

納井田は、田光と神林寺の話をして、理解を求めた。すると、御厨は冗談一つ放って承諾した。

「東洋一を考えると大阪市も阪神電鉄も小さい存在だ。東洋一を手に入れるためにローラーを借りよう」

「ありがとうございます。社長」

納井田は受話器に向かって何回も頭を下げた。

「納井田君、今から総務部長に指示して借用証を作成してもらう。それを手に私が直接大阪市に掛け合ってみる」

と、社長自ら依頼に行くと言う。この時に、大阪市に対して提出した借用証の写しが阪神電鉄に残っているそうだ。

こうして、御厨社長が動いた結果、三台のローラーの借り出しに成功したのであった。

本格的な転圧作業は、五月の中旬頃から始まった。三台のローラーを、それぞれに牛三頭で牽引して、外野の右翼から左翼に向かって進んだ。バックスクリーンから内野まで、毎日毎日繰り返し転圧を行った。

余談だが、この工事を見学していた人たちが、ローラーを引いているのが牛であることを見て、一言。

「牛にひかせて期限に間に合うのかな、阪神さんは呑気だね」

転圧作業のスピードアップを知らない部外者の感想であった。

グラウンドの転圧作業には、期限を設けず、全工程終了まで行われ、八月一日に挙行される催事に支障なきように行われたのであった。

グラウンド設置担当者の脇山卯吉は休みなく作業に打ち込んだ。外野に続いて、内野ダイヤモンドを水捌け良好なグラウンドに仕上げるため、また苦闘が始まった。しかし、幸いにも水捌けの良い地盤が足元に広がっていた。脇山が立っている場所は、川床地で水捌けは申し分ない所であった。

「みんな、ここに一坪角を四角形に三尺ほど掘ってくれ、地面下を覗いてみるぞ。しっかり掘り下げろ」

脇山の指示を受け、作業員三名がスコップで掘り下げた。するとまず砂利が現れた。さらに掘り下げると、小さな玉石が隙間なく層をなしている。その周囲には川砂が覆っている。そして、脇山が想像していた通り、底には大きな栗石が敷かれたようにあった。

「底はデカイ栗石で、その上は玉石と砂利で、最上部は川砂か、これだ」

脇山は、自分の考えが、当たっていたことに気持ちを躍らせ、事務所の福井の元にやって来た。

「福井さん、水捌けの方法を見つけました。現場に来てもらえませんか」

二人は、並んで歩き、水捌けの方法を話し合いながら現場までやって来た。

「脇山さん、良く見つけましたね、これは大いに参考になります。ではまず断面図を作図してください。そして、見本通りの材料を準備してください」

福井は、脇山と二人で見た地面の断面を、グラウンド下の水捌け層として脳裏に描いていた。

翌朝、脇山は、福井を見本が作られている場所に案内した。そこには、二間四方の材料置き場が五カ所作ってあった。その見本置き場には、大きな栗石、玉石、砂利、川砂、そしてコークスが置かれていた。これは水の吸収が大きいため、脇山が追加したものであった。

既に作業員たちも待機していた。福井は見本としてうず高く積まれた材料を一つ一つ手に取り確認した。

「脇山さん断面図は出来ていますか」

福井は振り返りながら聞くと、脇山が差し出した断面図を地面の上に広げ、時間を掛け見入った。

断面図は、各層の形状が詳細に描かれ、材料名と層の厚さ、そして全体の深さが記されてあった。

「これだよ、これだったら少々の降雨でも、表面に水が浮かびあがるまで、相当の時間を要す。その間野球は続行できるから、観衆にとってはありがたいことです。もし雨のため野球が中止になると、観衆には次の機会がないかもしれないからね、それほど水捌けは重要です。では作業を始めてください」

内野グラウンドの掘り起こし作業は六月に入っていた。深さ一メートルまでの玉砂利や、土砂を取り除き、底を平らに整地した後、一〇センチから二〇センチ大の栗石を満遍なく敷き詰め、土圧に耐えられるように固定し、栗石同士の間には隙間を埋めるため、一センチ大の割栗石を栗石と栗石の間に詰め込み隙間を無くした。その厚さは五〇センチとし、その上には砕かれたコークスを厚さ二〇センチに敷き詰め、さらにその上に混合土を厚さ三〇センチで覆い、十分に転圧して、内野のグラウンドを仕上げた

「どうでしょう、福井さん、これで水捌けの良いグラウンドが仕上がりました」

福井は、完成した内野グラウンドを確認のため歩いていたが、途中からは、速足にそして駆け足になり、最終的には猛スピードで走りだすと、ホームベース付近で滑り込んだ。今日はユニフォームではなく作業着であった。

「良いですね、この感触は最高です。乾湿が程よく、足に対しての抵抗感は全くない、水捌けの良さが表面に出ています。素晴らしい出来上がりです。これで行きましょう」

福井と脇山が手を取り合ったのは二回目であった。

「福井さん、次は問題のピッチャーズマウンドです。私たちにはとても手に負えません。米国の野球場で実際に野球を行った貴方だから、マウンドがどのような物か良くお分かりだと思いますので、我々に細かくご指示ください」

脇山は、工程を気にして福井に急ぎのお伺いをたてた。

「そうですね、当時マウンドに立った時、まるで二階から投げ下ろすような感覚でしたね、それほど高く感じました。米国では高さ二〇インチ（約五一センチ）と聞きましたが、私

にはそれ以上に高く感じました」

福井は、慶応大学野球部時代を懐かしく思い出しながら、何度もピッチングスタイルを行っていた。

七月に入っても雨らしい雨は降らなかった。全くの空梅雨で、この日も早朝から太陽がジリジリと照り付け、広いグラウンドを焼いているようであった。当然作業員は既に汗だくになり現場に向かっていた。

現場には、福井、脇山、作業員一一名の総勢一三名で作業を開始した。

「脇山さん、マウンドは土が軟らかすぎると、投手はフォームを崩して球を投げられない。反対に硬すぎると投手の足に負担がかかり、長いイニングを投げられない。つまり硬さは必要ですが、それも程よい硬さが求められます」

脇山は、福井の出す難題は想像できるようにはなっていたが、今回は、さらに難しい注文であった。

「脇山さん、まず粘り気の強い赤土だけで作ってみましょう。高さは二〇インチ、幅は一メートル、長さは五メートルほどの楕円形を作ってください」

内野ダイヤモンドの中ほどに、赤土で盛土をし、仮の楕円形マウンドを成型し、叩き板で叩き、強く叩き締められ、レンガのような色合いと硬さに作り上げられた。

「では実験します」

と、言った後、福井は、左手にグラブを着け、右手には硬球を握り、マウンドに立つと、廃材で作ったホームベースらしき物を目標にして、投手の投球フォームで球を投げた。すると、投げ終わった途端に右足のつま先が土に引っ掛かり、前方につんのめった。

「脇山さん、これはやはり駄目だ。硬すぎましたね。赤土の特徴が思いのほか強く出ましたね。では、散水して、土を少し軟らかくしてください」

脇山は、福井の指示により、水量を調整して自らマウンドに散水した。散水が終わると、早速福井はマウンドに立った。

「行きます」

福井は、先ほどと同じようにして投球した。しかし今回は水を含んだ赤土が、特徴である粘り気を最大に発揮し、土の塊が靴の底にへばり付き、投球フォームが全く取れない状態になった。

「これも駄目ですね」

脇山は、次も福井の指示通り、黒土だけで作ったが、この土はパサパサで、投球する時点で、土が大量に移動して、足の踏ん張りが利かず。全く投球出来ない有様で、前の赤土と真反対の結果になった。

「これも、駄目ですね。上手く行かないな」

福井は、首を傾げながら、試験結果に対して、脇山と作業員たちに相談した。

「皆、この結果をどのように思いますか、意見を聞きたい」

福井の真剣な眼差しに対して答えるように、年配の作業員が手を挙げた。

「この、土づくりは人生と同じで、押してもダメな時は引くしかない、その反対も然り。そして一つで駄目なら二つにする。要は深刻になり過ぎないことで、頭を柔軟にすることですな」

この、年配の作業員の、禅問答のような発言に、福井は一瞬閃くのであった。

「そうか、私たちは新しい物を探し求めていたが、そうではなく、今までに作ってきたものの中から使えるものを探せば良いのだ」

それは、現在グラウンド全体に覆われている混合土を利用すれば手間が省け、作業時間が短縮できる。

「そうだ。混合土の混合比率をマウンド用に変えればいいわけだ。これだ」

と、福井は考え付いた。

「脇山さん、分かりました。あの混合土を基にしてマウンド用に改良すればできるはずです。最初は、赤土五・黒土五の半々で行きます。それが駄目なら赤土六・黒土四、それが駄目なら赤土七・黒土三として混合します。これで実験しますので準備をお願いいたします」

福井が、脇山に指示したときは、既に正午の休み時間に入っていた。しかし脇山は作業員に福井の指示を伝え、マウンドを三種作らせた。作業員は昼休みを考えずに作業に没頭した。彼らは、この数カ月、福井と脇山の下で共に働いてきた仲間として信頼し合い、時間の観念などなくなっていた。

「よっしゃ！　でき上がったな。少し遅くなったが、昼飯の時間だ。飯を食ったら、一五分後にここに集合だ」

脇山の荒々しい声が飛んだ。すると、作業員たちも荒々しい声で返事した。

「ウオイ」

はいの返事のつもりであった。

「福井さん、少し休みましょう。一五分後再開します」

福井は、脇山に背を押され作業員たちの宿舎である飯場に向かって歩き出した。

福井と脇山が、食事を終えグラウンドに行くと　作業員たちは既に作業準備に入っていた。

「さあ、やるぞ。まずは赤土五と黒土五だ」

福井は、投球を行ったが、土が軟らかく足が流れ、態勢が崩れてボールがとんでもない方向に落ちた。

「こいつは駄目だな」

福井と脇山は、四種の見本を相手にピッチングを繰り返して行ったが、夕暮れ近くになり、やっと福井の体にしっくり馴染む見本のマウンドに出会った。

福井は、一番しっくり馴染むマウンドに再び立つと、満身の力を込めて球を投げ込んだ。

すると、福井の背後から大きな声がした。

「直球。ストライク」

福井が振り返ると、納井田を中心にして現場総監督の神林寺、現場小頭の田光、そして脇山の四人が揃って拍手をしていた。

「やあ皆さん。お揃いで、現場は大丈夫ですか」

福井は、自分の苦労よりもほかの現場の工事進捗状況を心配した。

「はっはは、大丈夫ですよ。皆さんの現場は工程通り進んでおります。だからこうして福井さんを応援するために来ました。素晴らしいマウンドができました。お疲れさまでした」

納井田の言葉にまた拍手が起こった。今度は、周囲で作業中の脇山の部下たちも拍手をしていた。

「ありがとう。皆さんありがとう」

福井は額の汗を手で拭いながら、仲間に礼を言った。すると、脇山が作業員一人一人に手を挙げて作業終了の合図を送った。すると作業員の間から図太い声で返事が返って来た。

「ウオイ」

そして飯場に向かって歩き出した作業員たちの背中を見送ると、納井田と他の四人は、内野のスタンドに目を移した。そこには一〇〇本近い鉄柱に支えられた大屋根が夕日に照らされて輝いていた。

「皆さん、やっと、ここまで来ました。四カ月間お疲れさまでした。工事はまだ残っていますが、ご覧の通り九割近くが出来ております。ありがとうございました」

納井田の感謝の気持であった。その後五人は揃って内野スタンドを眺めていると、背後に作業員にひかれた牛九頭が、転圧作業を終えて引き揚げてきた。すると、その牛たちが同時に、五人に向かって、祝福するかのように鳴いた。

「ウモウ」

夕日が大屋根の後ろに消えかかっていた。

いよいよ、工事も最終段階に入っていたが、このごろ納井田は、全国から野球場見学の申し込みが多くあり、その対応に奔走していた。

納井田に誘導された見学者たちは、まず野球場正面に立ったとき、あまりの馬鹿デカイ外観に驚きの声を上げた。

「デカイ、この建物はデカすぎる」

と、誰もが発する第一声であった。

前回の見学者は、大阪と福岡の野球関係者で、特に、建設費と通年の維持費についての質問が多かった。流石に経済感覚の鋭い地区からの見学者たちであった。

ところが、今回の見学者は、東京の野球関係者と、系列の新聞社から派遣された販売部の担当者で、質問の内容からすると、野球場建設を本気で考えているようであった。

「納井田さん、全体の広さはどれくらいありますか」

新聞社販売部の元嶋攻一が質問した。

「第一期工事では三万六三〇〇平方メートル、予備地九八〇〇平方メートルで、敷地総面積は四万六二〇〇平方メートルとなります」

納井田は笑顔で答えた。続いて野球関係者の宮外次仁が質問した。

「グラウンドのみの広さと、それと、観覧席の収容人員はいかほどですか」。

「グラウンドは一万九四七〇平方メートルで、観覧席は、第一期が一万六八三〇平方メートルの広さで約五万人を収容できます」

納井田は、淀みなく答えた。

「内野スタンドの造りと、座席階段の段数と、収容人員はどれくらいでしょう」

元嶋が再度質問した。

「内野スタンドの造りは、鉄筋コンクリート造で地震対策も行っており、建屋自体は堅牢にしております。段数は五〇段で、収容人員は二万八千人ですね」

「次は、外野スタンドの造りと、収容人員はどれほどでしょう」

宮外が質問した。

「土塁式としまして、収容人員は二万一千人ですね」

納井田は、数字に強く、甲子園大運動場の各所の数字については、ネズミの数まで把握できているかのように、二人に対応していた。

「内野スタンドの内部についてご説明願います」

元嶋は、流れる汗を忙しく拭いながら質問した。

「三層式になっております。一階はアーケードで、二階三階の窓にはスチールサッシを使用します。外周は二六〇・五八メートル、奥行きは三四・二三メートルで面積は七五九〇平方メートルで、三階階段下は通路になっております。二階と一階には事務室、選手控室、脱衣室、浴室、シャワー室を設置します」

納井田は、見学者の質問には包み隠さず全て答えた。建築費用や、見込の収益なども躊躇なく公表した。それは、自信と誇りが成せる対応であった。

「納井田さん、失礼な言い方なるかもしれませんが、先にお詫びして質問をさせていただきます。あの馬鹿デカイ大屋根は、誰の発案ですか、本当に必要なものですか」

元嶋が執拗に食い下がってきた。

「元嶋さんは、あの大屋根を、馬鹿デカイ無用の長物で、阪神電鉄は金をドブに捨てているかのような発言ですが、それは間違いです。貴方の認識不足です」

納井田は少々冷静さを欠き、強く反論した。

「それは、どういう意味ですか」

元嶋もムキになり聞き返した。すると、納井田は、今度は冷静に、相手を諭すように話しだした。

「元嶋さん、この大屋根は今後の野球を大きく転換させる手段として造りました。その一つに、ここは、八月に、朝日新聞主催の全国中等学校優勝野球大会を行うことになりました。八月は真夏の真最中、炎天下のスタンドでの観戦は熱射病になる恐れがあります。それの防止を目的としております」

元嶋は、言葉を失った。その元嶋に対して納井田は二の矢を放った。

「元嶋さん、それだけではなくほかにも理由があります。今まで野球と言えば男のスポーツで、女性は関係ないという考えで来ましたね、ところが、国民の半分は女性であることを私たちは忘れていたのです。野球は男のものと思っているその古臭い考えを一掃し、男女関係なくこの素晴らしいスポーツを観戦できる施設として建設いたしました。大正のモダンガールは、最も嫌うのは日焼けと思います。この大屋根は太陽光を遮断して大きな日陰を作り、女性たちが日焼けを忘れて、安心して野球が観戦できる場を提供するものです」

納井田の説明に、元嶋も宮外も他の見学者たちも大きく頷き、拍手し納井田を称えた。

後日談になるが、この日の見学者の中に、後の明治神宮野球場や後楽園球場を建設した担当者が複数人居たことが伝えられている。こうして両球場は、甲子園の後を追いかける形で建設されたのであった。

納井田は、見学者に全てを説明した後、元嶋たちを球場外に見送ると、再び球場内に戻りグラウンドに入ると、牛の鳴き声が聞こえてきた。時刻は夕方五時三〇分頃で、納井田の目に入って来た工事現場では、外野センター守備位置あたりから、幅一〇メートルを、セカンドベースの近くまで、三台のローラーで転圧作業を行っていた。この作業を始めて二カ月近くなるが、どの程度の固さまで転圧すれば良いのか、誰にも経験のない作業であった。ただ、幸いであったのは、米国の野球場で試合を経験した慶応ボーイの福井清一が、グラウンド設置の指揮を執り、作業を指示した孫請け会社の脇山卯吉が、人一倍作業一途で、福井の指揮を信頼し、毎日の作業に打ち込んだ結果、転圧作業の最終日である今日まで続けられた。

早朝から続けられた転圧作業は、各ローラーを牛三頭が引き、一人の作業員が手綱を取って牛を操っていた。作業員も牛も約二カ月の間、毎日共に転圧作業を繰り返して来たため、作業員と牛の間にも信頼関係が芽生えたのか、作業に挑む呼吸がピッタリ合っていた。作業員の手綱さばきは見事なもので、牛は指示通り一〇センチの誤差なくローラーを引いた。

「オーラ、よし行け、進め」

作業員の掛け声と共に牛は一声鳴いて、一歩前に出た。

「よし、良いぞ、そのまま進め」

作業員が操る手綱通り、牛は大きな体を横に一度振り、頭を上下し太い足で歩み出した。ローラーは、軽く金属音を発しながら回転し、グラウンドの表面を転圧して行った。作業員の声が、内野スタンドの前に陣取っている納井田たち工事関係者の耳にも届いていた。

阪神電車甲子園大運動場の最終仕上げ作業を固唾を飲んで見守っていた。その前で転圧作業のローラーは二度往復した。そして最終の転圧作業となったローラーが、センター守備位置付近につくと、牛は内野の方向に反転した後、立ち止まり、作業員の指示を待った。

現場は、夕闇が迫り、内野スタンドは大屋根の陰になり、すっかり暗くなっていた。しかし、グラウンドは夕日に照らされて、まだ明るさは残っていた。そのような中、一台のローラーが内野に向かって動き出した。

「まもなくですね、工事が終了します」

工事総監督の神林寺が納井田の顔を見た。

「そうですね、終わりますね、長かったようで短かった。でも長かったなあ」

工事関係者の本音であった。

いよいよ、ローラーは工事関係者が待つ内野に近づき。牛の瞳がはっきり見える距離になったとき、拍手が起こった。工事関係者たちが揃って最終のローラーを出迎えたのである。

牛と作業員は、少々驚いているようだったが、関係者は各自牛の背を撫でて労わっていた。その行為に牛は嬉しそうに、首を上下して鳴いた。その姿に関係者は口々に牛と作業員に慰労の言葉を送っていた。

「良くやった」

「牛たちよ、良く頑張ったな」

さらに男たちは作業員の肩を叩いて労うと、全員が輪になって納井田を取り囲み、催促した。

「さあ、納井田さん、工事完了の合図をお願いします」

神林寺が背中を押した。納井田はそれに答えて、一歩前に出て、輪になった工事関係者と作業員を見詰め直して、右手の拳を突き上げて、大声で発した。

「よっしゃ！　みんな、終わったぞう」

この納井田の一声に、誰からともなく万歳の掛け声が起こった。そして男たちはその掛け声に合わせて、大声で唱えた。

「万歳、万歳」

「バンザイ、バンザイ」

男たちは、互いに手を取り合って喜びを隠さず、バンザイを唱えていた。

「では、皆さん、正面の入り口前に移動してください」

神林寺の案内で、全員正面入り口の外に出た。そこには、工事で出た廃材を井桁に積み上げ、その中には同じく廃材を薪にして、野営のかがり火が焚かれてあった。

男たちは、かがり火の周りに車座になり、数本の一升瓶を回して、各人が手にした湯呑みに酒をなみなみと注ぎ、ある男の合図を待っていた。

翔太は一人の設計室顧問が残した手記を呼んでいたが、この万歳の記述に感情移入し、いつの間にか男たちの中に座って湯飲みに酒を注いでいた。そして隣の男と肩を組み何かしらの話をしていた。話の内容は周りの男たちの大声にかき消されて、話されている内容は聞き取れていなかった。

察するに「良くやった。素晴らし野球場を造ったぞ」と話されたのであろう。

翔太が横を見ると、工事責任者の納井田康介が立ち上がり、湯飲みを手にした右手を高く掲げ叫んだ。

「工事完工おめでとう。乾杯」

を、大声で発声した。男たちはそれを受けて、口々に乾杯を叫び、湯呑みの酒を一気に飲み干した。

翔太が盃を空にしたとき現実に戻された。そして、手にした手記を読み続けた。

一升瓶が次々空になっていく中で、男たちはほどよい酔いに饒舌になり、大声で工事期間中の出来事を語りだした。そのような時に、納井田が立ち上がり、何か話し出したとき、野球場全体を点灯していた裸電球全てが消灯された。そして周囲を照らす明かりは、このかがり火だけになった。

立ち上がった納井田の頬は、かがり火に照らされて赤く輝いていた。

「みんな、聞いてくれ、今回の大工事について話しておきたいことがある。少し長くなるが、酒を飲みながら聞いてくれ」

と、納井田が話すと、男たちは酔眼を納井田に向け、太い声で答えた。

「オーオ、聞こうじゃないか」

男たちの声を聞いた納井田は、真剣な眼差しで話し出した。

「みんな、まずはありがとう。そして事故で一人も欠けることなくこの場に顔を揃えてくれて非常に目出度くお祝いを申し上げます」

納井田は男たちに、深々頭を下げた。

「阪神電車甲子園大運動場の建設計画の時から、今日工事が完工するまでの間、我々は不思議な力を手に入れた思いがします。それは、『大自然の力』です。この一年我々に大いに味方してくれました。その結果がこの大工事を成し遂げた一因であると思います。その他に四つの要素が作用したと考えております。

第一に、空梅雨であったこと、大正十三年三月十六日の地鎮祭から、本日の工事完工日までの、一四三日のうち晴天は一〇一日もあった。終日雨に祟られたのは、わずか一二日で、半日だけの日を入れても四二日間だけだった。作業を完全に休んだのは七日間だけで通年では考えられない気象であった。本来であれば、グラウンドの整備時期は梅雨の真っただ中で、連日降雨のため工事が中断されてもおかしくはなかった。折角打設したコンクリートの乾きが遅く、次の工程に進めなくなり作業に遅延が生じる原因となる、ところが空梅雨のため助かりました。

第二は、昼夜関係なく工事ができたことで、夜間は、阪神電鉄枝川橋梁を経由して電力線を野球場の工事現場まで引き込み、電柱を立て配線して、裸電球を点灯して工事を行った。

まるで、不夜城の如きで、枝川橋梁を通過する電車の窓際には、多くの乗客が手を振りながら、工事を眺めていました。また近隣の住民たちも工事現場から少し離れた旧枝川の堤防跡に登り、そこから工事を眺め感心して、口々に

「さすが、阪神電鉄だ。とんでもないことをするもんだ」

と噂し合っていました。

第三は、建築材料が無尽蔵に調達できたこと、特に内野スタンド建設時、鉄筋コンクリー

ト造りのスタンドを造るとき、大量の川砂と玉砂利が必要であったが、それらは作業員の足元に有りました。この野球場建設地は、皆さんも良くご存じの、武庫川の支流で、枝川とその分流、申川の間にできた中州跡で、両川は埋め立てられ、一層広い砂原となった。埋め立てに使用されたのは、武庫川から浚渫された玉砂利と土砂であった。そこを少し掘れば、コンクリート用の材料として玉砂利と川砂は必要なだけ使うことができた。そして、何よりも資材の買い付け費用は不要で、さらに遠隔地よりの運搬手間も省くことができました。

第四は、優秀な人材を内外から招聘することができたこと、阪神電鉄の技術各部が連携を取り、目的に向かって突き進んだこと、さらに、一番の立役者は、神座田組の皆さんです。この工事を行う上で、屈強な男たちを集めていただいたため、工事が滞りなく予定通りに完工しました。

これら四つの要素が、大自然とどのような絡みがあったか分かりませんが、双方が一つに纏まったことは間違いありません。従って、皆さんは『天が認めた工事人』であります。ありがとうございました」

納井田の長い話が終わった。すると神林寺が立ち上がり、納井田の話を受けて。

「その通り。我々は天が認めた工事人だ」

「そうだ。そうだ」

あとに関係者が続いた。次に田光小頭が立ち上がり申し訳なさそうに頭をかきながら話し出した。

「天が認めた工事人とは、少々おこがましいけれど、一言だけお聞きください。皆さん、実は工事の仕舞いが少し残っております」

と、田光は、ペコンと頭を下げた。

その発言を受けて、設計室顧問の笹本立夫が、小柄だが意外に大声で田光を叱責した。

「仕舞い作業が終わっていないとは、どういう了見だ。八月一日は開場日と知っているだろう」

笹本も相当量の酒を飲んでいた。日頃は無口だが、今日は異なっていた。口調が荒い。

「はい、内野スタンド三階の一部に左官が間に合わなくて、その部分は打ちっぱなしのままで、壁の表面には玉石が顔を出しており、矢板の節跡や年輪がそのままになっております。それともう一つ、木製座席の基礎は塗装が遅れ地肌がそのままになっております」

田光は泣きそうな顔をして納井田を見詰めた。この頃、外周も一部片付け作業が遅れ、作業員や牛の通路と、猫車や荷車の通路は確保されてはいたが、他は未整備のままで、廃材が至るところに積み上げられていた。

「そうですか、そういったことを解決するために、予備日の三日間があります。ご愛敬、ご愛敬。三日間があります」

横から、設計室顧問の重鎮、大西弥三衛門が助け舟をだした。すかさず納井田が口を挟んだ。

「皆さんは、天が認めた工事人に間違いないですよ、ですから、何も気にせず。後三日間で勝負することにして、先ほど大西さんが言っておられるように、ご愛敬ですよ、ご愛敬」

と、納井田が話し終わると、また、太い声が聞こえてきた。

「ウォーイ、そうだ。俺たちは天が認めた工事人だ」

田光は、三人の言葉に救われた。そして、腕で顔中を拭うと深々と頭を下げた。その後、倉本宗一が立ち上がり湯呑みをかざして大声で言った。

「湿っぽい話はここまでだ。もう一度乾杯するぞ。みんな酒を注いだか。それでは乾杯」

再び酒宴が始まった。納井田は笑みを失わず男たちと明け方まで飲み明かした。

「これが男の竣工式か」

納井田は呟いた。

こうして、男たちの工事完了祝いが終わったのであった。

八月一日、御厨基綱と納井田康介は、明け方五時に阪神電車甲子園大運動場の大看板下に立っていた。御厨は、雲一つない空に向かって一人呟いていた。

「外山さん、できましたよ。東洋一の大野球場が。今から開門して、皆さんにご披露いたします。貴方との約束は全て果たしました。これほど嬉しいことはありません。さあ今から始まります」

御厨は外山脩造の髭面とその顎髭を撫でる仕種を、涙をこらえながら思い出していた。横の納井田も、四カ月間の工事一つ一つを思い浮かべ、彼も涙をこらえながら、振り返っていた。

午前七時、阪神電車甲子園大運動場開きが執り行われた。先ず鳴尾八幡神社の天宮十全宮司によって始められた。宮司の朗々とした声で読み上げられる祭文は、阪神電車甲子園大運動場の盛況と発展を願うものであった。宮司は祭文を読み終えると祭壇に深々頭を垂れて祭壇前から退いた。続いて挨拶に立った御厨は、姿勢を整え、胸を張って話し出した。

「皆さん、良くご覧ください。この阪神電車甲子園大運動場は阪神電鉄の夢でありました。野球場では日本一、いや東洋一であります。この場所で若者たちの体躯向上を図らんとするものであります。ここそが、日本スポーツのメッカになりたいという夢を持っております」

と、力を込めた御厨は自信と誇りを全身に表わして挨拶を締めくくった。

そのころ、阪神電鉄の枝川橋梁を通過する電車から、汽笛が三回連続して鳴らされた。すると、野球場の南側広場から、数十発の花火が打ち上げられ祝賀気分を一層盛り上げた。式次第は、花火が打ち上げられた後、テープカットとくす玉割が行われた。そして、いよいよ、球場内への入場となった。

御厨基綱と納井田康介は並んで通路をグラウンドに向かって進んで行った。スタンド下の通路を通り過ぎ、一行はグラウンドの上に立った。その時、二人の瞼に何かが光り眩しさを感じた。それは東の空に登り切った太陽によるものと、本邦初の本格的スタジアムが放つ威光が原因であった。

その眩しさの中で、御厨と納井田は、晴天の下のグラウンドで少年たちが、白熱した試合を行い、各スタンドでは超満員の観衆が、選手たちのプレーに興奮して応援合戦を繰り広げられている。その状況が見えるようであった。

午前八時三〇分、大阪、神戸並びに沿線の一〇〇以上の小学校児童三千人近い人数で、祝賀体育大会が開催された。八月の快晴の下、暑さも増し、出場者も関係者も観覧者も、多くの人たちが大汗を流していた。

いよいよ、学校ごとに三列縦隊で入場行進が始まった。児童たちは大きく手を振り行進している。その児童たちの躍動感に溢れた姿は、本日誕生した阪神電車甲子園大運動場を体全体で祝福しているようであった。

御厨と納井田は、内野スタンドの最上段に立って球場全体を見廻した。そして、二人は無言で頷くだけであった。


そのとき、翔太は再び二人の横に立っていた。そして基綱と納井田の横顔を仰いだとき今までの疑問が解けたような感覚が全身を巡った。

「分かったぞ。全てが分かった。三人の男たちの大きな夢が、この球場を生んだんだ」

思いを巡らしていた翔太は、父の翔一朗の声で我に返った。

「どうだ。卒論は進んでいるか、基綱爺様のことは分かったか」

「うん、十分すぎるぐらいに分かった。資料も十分集まった。これから書き出すところだよ」

二人は、話しながら一〇〇年前の阪神電車甲子園大運動場の完成写真を見入っていた。

大正十三年（一九二四）八月一日、阪神電車甲子園大運動場略して阪神甲子園球場が、本格的に始動した。野球をする全ての人たちの聖地として、天下に知らしめる第一歩が、ここに動き出したのである。

完

あとがき

本書を執筆にあたっては、概ね、舞坂悦治氏の著書である『甲子の歳』を参考に書き始めましたが、特に主人公の米国留学中のエピソードについては、他の多くの資料を参考にさせていただきました。ここで改めて御礼申し上げます。ほかに、阪神電気鉄道株式会社発行の『輸送奉仕の五〇年』『八〇年史』は明治・大正時代の世情の動きを察知するにはかけがえのない書籍で、物語の進展に欠かすことができない資料として負うところが多く、十分に活用させていただきました。

特に阪神電鉄が行った各事業を成功裡に導いた実行力に驚嘆いたしました。当時の阪神電鉄の経営者たちの商魂と心意気を、現代を生きる我々は見習いたいものです。

また本書は、事実に基づくフイクションのため、本文中の登場人物は外山脩造翁と、電鉄名、新聞社名、高校野球連盟は実名で表記しましたが、それ以外は全てが仮名、仮称を使用していますことを、お断りしておきます。

最後に、本書刊行に尽力いただいた神戸新聞総合出版センター出版部の本木康夫課長と西香緒理次長には、大変お世話になりました。改めて御礼申し上げます。

二〇二三年十一月

竹田十岐生

参考文献

『甲子の歳』　舞坂悦治著
『甲子園球場物語』　玉木通夫著
『輸送奉仕の五〇年』　阪神電気鉄道株式会社
『阪神電気鉄道八十年史』　阪神電気鉄道株式会社
『武庫川紀行　流域の近・現代模様』　田中利美著
『五国が紡ぐ　ひょうご水百景』　兵庫県県土整備部土木局河川整備課

大正十三年《たいしょうじゅうさんねん》　きのえ ね

2023年12月8日　初版第１刷発行

著　　者
発 行 者　竹田十岐生《たけだときお》

発行・発売　神戸新聞総合出版センター
〒650-0044 神戸市中央区東川崎町1-5-7
電話 078-362-7140　FAX 078-361-7552
URL　https://kobe-yomitai.jp/

印 刷 所　株式会社 神戸新聞総合印刷

ISBN978-4-343-01209-8 C0093